智库 中社

国家智库报告 2017（18）
National Think Tank

经　济

京津冀协同发展指数报告（2016）

中国社会科学院京津冀协同发展智库京津冀协同发展指数课题组 著

BEIJING-TIANJIN-HEBEI INTEGRATED DEVELOPMENT INDEX REPORT (2016)

中国社会科学出版社

图书在版编目(CIP)数据

京津冀协同发展指数报告．2016／中国社会科学院京津冀协同发展智库京津冀协同发展指数课题组著．—北京：中国社会科学出版社，2017．5
（国家智库报告）
ISBN 978－7－5203－0305－7

Ⅰ．①京…　Ⅱ．①中…　Ⅲ．①区域经济发展—指数—研究报告—华北地区
Ⅳ．①F127．2

中国版本图书馆 CIP 数据核字(2017)第 090454 号

出 版 人　赵剑英
责任编辑　王　茵
特约编辑　王　衡
责任校对　王佳玉
责任印制　李寡寡

出　　版　中国社会科学出版社
社　　址　北京鼓楼西大街甲 158 号
邮　　编　100720
网　　址　http://www.csspw.cn
发 行 部　010－84083685
门 市 部　010－84029450
经　　销　新华书店及其他书店

印刷装订　北京君升印刷有限公司
版　　次　2017 年 5 月第 1 版
印　　次　2017 年 5 月第 1 次印刷

开　　本　787×1092　1/16
印　　张　12．5
插　　页　2
字　　数　135 千字
定　　价　58．00 元

课题承担单位

中国社会科学院工业经济研究所

课题协作单位

北京市社会科学院　天津社会科学院

河北省社会科学院　首都经济贸易大学

天津财经大学　　　河北经贸大学

课题总顾问

蔡　昉　中国社会科学院副院长、学部委员

课题组组长

黄群慧　中国社会科学院工业经济研究所所长、研究员

课题组副组长

李海舰　中国社会科学院工业经济研究所副所长、研究员

张其仔　中国社会科学院工业经济研究所所长助理、研究员

课题组成员

陈　耀　中国社会科学院工业经济研究所研究员

刘　勇　中国社会科学院工业经济研究所研究员

李晓华　中国社会科学院工业经济研究所研究员

叶振宇　中国社会科学院工业经济研究所副研究员

刘佳骏　中国社会科学院工业经济研究所助理研

究员
姚　鹏　中国社会科学院工业经济研究所助理研究员
王　宁　中国社会科学院工业经济研究所博士后
崔志新　中国社会科学院工业经济研究所博士后
余柯玮　中国社会科学院研究生院硕士研究生

课题报告执笔人

叶振宇、姚鹏、王宁、崔志新、余柯玮

摘要：京津冀协同发展战略已进入全面实施阶段，本报告从五大发展理念的视角构建了一个用于跟踪评估京津冀协同发展成效的协同指数和比较京津冀三地发展水平的地区发展指数。从京津冀协同发展指数的测算结果看，2005—2015年京津冀协同发展指数总体呈现上升的态势，特别是2014—2015年上升幅度更大，这表明京津冀协同发展的阶段效果比较明显。从京津冀创新发展、协调发展、绿色发展、开放发展和共享发展五个协同指数变化趋势看，京津冀共享发展进步显著，绿色发展明显进展，协调发展出现积极变化，创新发展成效较小，开放发展相对滞后。从京津冀三地发展指数的比较看，北京地区发展指数最高，天津次之，河北最低，但三地发展指数的差距呈现缩小趋势。此外，问卷调查结果表明，接近六成的受访者对京津冀协同发展的阶段成效“点赞”，超过九成受访者认可北京推进非首都功能疏解取得成效；同时还发现京津冀产业转移协作、交通一体化、区域协同创新、要素流动等领域取得进展，但生态环境保护效果尚未显现，北京优质教育医疗资源向津、冀辐射仍显不足，中央企业支持京津冀协同发展的力度还不够。

关键词：京津冀协同发展；五大发展理念；协同发展指数；地区发展指数

Abstract: The strategy of Beijing-Tianjin-Hebei Integrated Development has been entered into the overall implementation stage. The report constructs an index for evaluating the progress of Beijing-Tianjin-Hebei Integrated Development and an index for evaluating the development level of Beijing, Tianjin and Hebei under five development concepts. The results show that the index value of Beijing-Tianjin-Hebei Integrated Development grows generally in 2005 – 2015, particularly the trend becomes significant in 2014 – 2015. Therefore, it means that Beijing-Tianjin-Hebei Integrated Development get obvious achievement by the results. Meanwhile, the sharing development index rises obviously, the green development index has a growing trend, the coordination development index shows positive change, and the innovation index and the opening up index don't show positive change. The results also show that the development index of Beijing is largest in the three regions, Tianjin's index is larger than Hebei's index, but the regional gap shrinks. The results of investigation show that more than 60% of respondents agreed with the progress of Beijing-Tianjin-Hebei Integrated Development and extracting Beijing's non-capital function has received more than 90% of respondents. And results of investigation also show that it has been made progress in industrial movement and cooperation, traffic integration, regional innovation cooperation and factors moving, but environmental protection doesn't achieve the desired result, the radiation scope of Beijing's quality educational and medical resources is not wide for Tianjin and Hebei, Central enterprises don't try theirs best to support Beijing-Tianjin-Hebei Integrated Development.

Key words: Beijing-Tianjin-Hebei Integrated Development; Five development concepts; Beijing-Tianjin-Hebei Integrated Development index; Regional development index

目　　录

一　京津冀协同发展的进展与成效

2014 年以来，京津冀三地打破“一亩三分地”的传统思维，把协同发展作为经济社会发展的“一号工程”；同时，《京津冀协同发展规划纲要》《“十三五”时期京津冀国民经济和社会发展规划》等一系列区域规划、专项规划或配套政策相继出台，有力推动京津冀协同发展战略深入实施，重点工作实现了良好的开局。

（一）非首都功能疏解取得突破

北京非首都功能疏解是京津冀协同发展的重头戏。北京市各级政府聚焦目标，创新工作方式，细化疏解方案，使非首都功能疏解的任务得到又好又快推进。

非首都功能疏解平稳有序。为落实非首都功能疏解任务，北京市有关部门制定了《北京市新增产业禁止和限制目录》、编制了《北京市以非首都功能疏解为核心，大力促进结构调整优化》、印发了《疏解非首都功能产业的税收支持政策（试行）》，这些政策不仅有效地引导一般制造业、商贸服务业、服务外包等行业企业向京外转移，同时也带动相关从业人员向外疏解。据统计，2014—2016 年，北京市 1341 家一般制造业企业关停退出，375 家商品交易市场调整疏解，常住人口发展变化呈现出人口增量、增速“双下降”的特点。①

“腾笼换鸟”促业态升级。北京市海淀区、朝阳区等地政府积极利用疏解腾退空间培育高精尖产业发展，加强科技创新能力建设。典型的例子是，中关村电子商城作为疏解非首都功能的重要阵地，积极转变市场职能定位，调整疏解了传统电子产品批发零售企业，引入新兴业态。2015 年电子批发市场新增登记注册企业 166 户，近半数为科学研究和技术服务业企业，较上年增长了 32%，远远超过批发和零售业企业。另一典型例子就是传统的商贸批发市场转型成为现代的时尚购物中心、品牌设计中心、品牌孵化器等，如大康鞋城转型为悦秀城、雅秀服装批发市场升级改造成雅秀购物中心、动批商圈的万荣天地市场改造升级成品牌经营馆和设计室、雅宝路市场升级为“悦港梦想加空间”等。

① 北京市经济和信息化委员会网站。

(二) 交通一体化进程明显加快

2014 年 2 月，习近平总书记在京津冀协同发展工作座谈会上指出，着力构建现代化交通网络系统，把交通一体化作为先行领域，加快构建快速、便捷、高效、安全、大容量、低成本的互联互通综合交通网络。目前，相关部门已编制了《京津冀协同发展交通一体化规划》《关于推进京津冀交通一体化政策协调创新的指导意见》等，这些政策吹响了京津冀交通一体化的集结号。京津冀三地抓住协同发展的有利机遇，积极推进三地交通基础设施互联互通建设，逐渐形成一个综合立体的现代交通体系。

高速公路网络不断完善。京新高速（国道 110 期）工程已完成前期审批，张承高速、密涿高速公路河北段、京台高速北京段、京津唐高速、京津高速、津晋高速、沿海高速、唐承高速、唐津高速、滨保高速、津汕高速建成通车。京秦高速公路、首都地区环线高速公路（通州—大兴）都将开工建设。统计数据显示，2015 年京津冀地区高速公路通车里程达 8445 千米，高速公路密度为 388. 89 千米/万平方千米，较 2013 年增长了 10. 46 个百分点。从分省市看，2015 年，京津冀三地高速公路密度较 2013 年分别增长了 6. 39 个百分点、2. 45 个百分点、12. 70 个百分点（见表 1 – 1）。

表 1-1　　京津冀地区铁路、高速公路密度

单位：千米/万平方千米

年份	铁路密度				高速公路密度			
	北京	天津	河北	京津冀	北京	天津	河北	京津冀
2005	685.80	556.34	246.40	296.65	333.94	496.40	113.08	150.86
2006	683.42	623.39	255.20	307.82	380.87	570.90	123.36	167.44
2007	682.45	581.12	256.24	306.32	382.69	570.90	151.11	191.71
2008	710.85	639.80	257.07	312.42	473.49	698.98	171.24	223.11
2009	712.68	654.19	258.49	314.58	538.70	740.83	174.95	233.56
2010	712.61	654.19	260.40	316.24	563.07	870.58	228.13	288.78
2011	748.57	725.65	273.86	334.59	555.76	923.32	251.91	311.80
2012	777.57	726.35	298.22	357.99	562.46	923.32	268.49	326.72
2013	778.00	806.46	331.33	391.22	562.46	923.32	297.62	352.05
2014	782.94	812.74	331.19	391.82	598.42	931.69	311.86	367.62
2015	783.06	873.68	368.54	427.66	598.42	945.92	335.43	388.89

资料来源：相关年份的《中国统计年鉴》。

铁路网优化升级。北京至张家口铁路北京段控制性工程全部进场，实现全线开工建设。北京至霸州铁路已完成初步设计批复。京唐城际铁路、京滨城际铁路、廊涿城际铁路、城际铁路联络线等项目工作正在持续推进。4 对环绕京津冀的环形列车的开行标志着河北省邯郸、邢台、唐山等 8 个城市与京津石三个中心城市之间的铁路客运真正迈入联通的时代。“京津冀货物快运”列车覆盖京津冀地区 225 个铁路车站和 27 个无轨火车站，形成覆盖京津冀 140 余个县市区的健全物流网络体系。统计显示，2015 年京津冀地区铁路

通车里程9286.6千米，铁路密度427.66千米/万平方千米，较2013年增长了9.31个百分点。从分省市看，2015年，京津冀三地铁路通车里程较2013年分别增长了0.65个百分点、8.34个百分点、11.23个百分点（见表1－1）。

机场布局日趋合理。京津冀三地机场签署战略合作框架协议，积极落实《民航局关于推进京津冀民航协同发展的意见》，三地机场步入统一管理、一体化运营新阶段。北京新机场和配套轨道交通线路工程全面推进，北京市有关部门出台了《北京新机场临空经济区规划（2016—2020年）》，京冀启动临空经济区建设的对接。北戴河机场投入运营，承德机场加快建设，天津机场二期扩建、石家庄机场扩建等工程完成并投入使用。天津机场建设了20多座异地城市候机楼，将服务范围覆盖到京津冀辽鲁。

港口跨区域联动发展。河北各港口正与天津港携手共建北方国际航运核心区，搭建服务京津冀协同发展的新平台，实现津冀港口统一规划、错位发展，打造世界级港口群。天津港大港港区、唐山港京唐港区深水航道、曹妃甸华能煤码头、黄骅港散货港区原油码头等项目前期工作积极推进。天津港集团与河北港口集团共同组建了渤海津冀港口投资发展有限公司，唐山港集团与天津港集团合资组建唐山集装箱码头有限公司，统筹津冀港口分工和物流资源，标志着津冀港口协同发展取得了实质性进展。

交通智能化和运输服务一体化取得实效。京津冀交通一卡通使用范围已覆盖了区域内 9 个城市，累计发行互通卡 3 万余张。京津冀三地交通管理部门加强对接，制定了一系列京津冀交通一卡通互联互通工作运营和技术管理的标准和准则。北京平谷至三河、平谷至蓟县南线和北线 3 条班线正式按照公交化运营模式开始试运营。北京市 139 条公交线路、天津滨海公交线路和河北省石家庄、保定等 10 个城市 440 余条公交线路已实现互联互通。

（三）生态环境保护稳中有进

节能减排成效显著。三年来，京津冀生态环境保护被提到前所未有的高度，《京津冀协同发展生态环境保护规划》付诸实施，大气治理、流域治理、生态建设、节能减排等各项工作有序推进，绿色发展成为各级政府的共识。从能源消耗看，2005—2015 年京津冀地区能源强度显著降低，2015 年每万元 GDP 能耗为 0.6417 吨标煤/万元，同比下降 3.69%。分省市看，2015 年京津冀三地每万元 GDP 能耗分别为 0.2978 吨标煤、0.4995 吨标煤和 0.9862 吨标煤，同比分别下降 7.03%、3.56% 和 1.04%（见图 1－1）。北京市能源强度降低最为明显，河北省能源强度未来还有较大的下降空间。从碳排放看，2005—2015 年京津冀地区每万元 GDP 碳排放量有所下降，2015 年为 0. 1272 吨/万

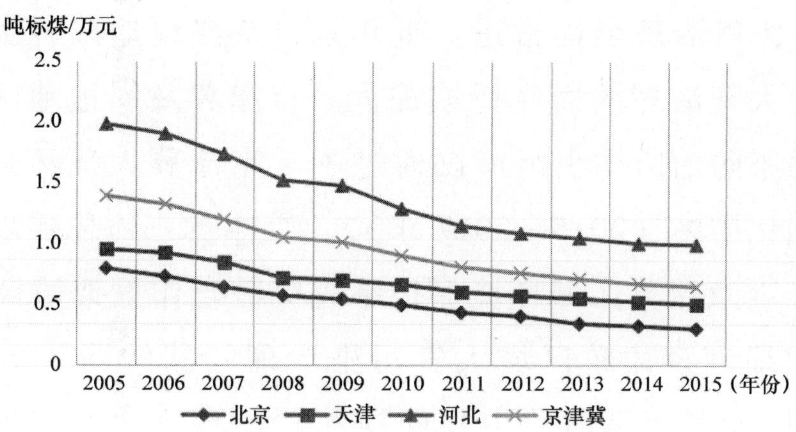

图 1－1　京津冀地区每万元 GDP 能耗

资料来源：相关年份的《中国统计年鉴》。

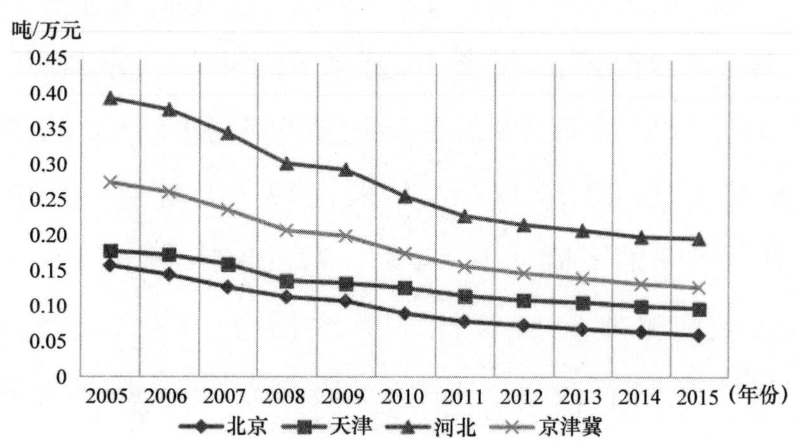

图 1－2　京津冀地区每万元 GDP 碳排放量

资料来源：相关年份的《中国统计年鉴》。

元，同比下降3.68%。分省市看，2015年京津冀三地每万元GDP碳排放量分别为0.0593吨、0.0972吨和0.1963吨，分别同比下降7.03%、3.43%和1.04%（见图1-2）。

大气治理全面推进。近年来，京津冀地区各级政府对大气治理的力度持续加大。京津冀及周边地区大气污染防治协作小组审议通过了《京津冀大气污染防治强化措施（2016—2017年）》，京津冀三地环保厅签署了《京津冀区域环境保护率先突破合作框架协议》，启动编制京津冀区域大气污染治理"路线图"（即《区域大气污染防治中长期规划》）。在京津冀三地的共同努力下，地区空气质量略有好转。统计显示，2015年京津冀地区PM2.5年均浓度为75.87微克/立方米，较2013年下降了22.45%，空气质量年平均达标天数为197天，占全年天数的54%。分省市看，2015年京津冀三地PM2.5年均浓度分别为80.60微克/立方米、70.00微克/立方米、77.00微克/立方米，较2013年分别下降了9.94%、27.08%、28.70%。京津冀区域内基本完成黄标车淘汰任务。尽管京津冀三地空气质量均有改善，但空气质量要实现明显好转仍需时日。

环境治理投资加大。统计显示，2005—2014年京津冀地区持续加强环境污染治理，各地不断加大环境

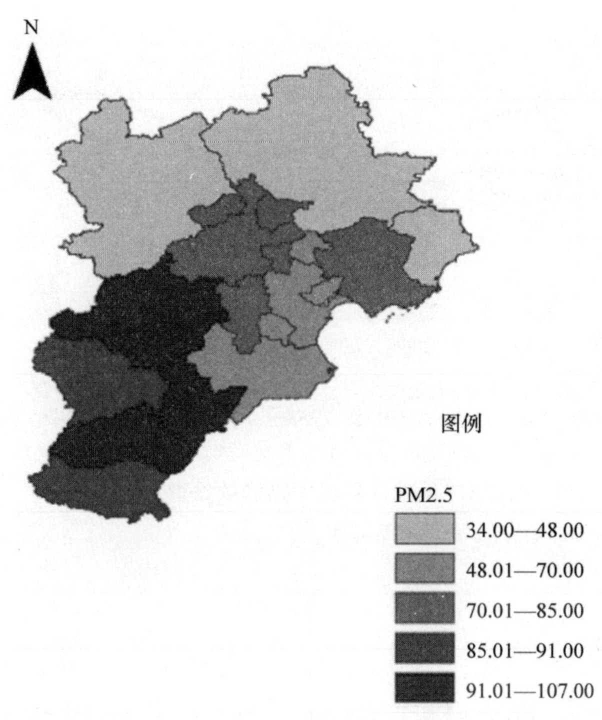

图 1-3　2015 年京津冀 PM2.5 平均浓度的地区分布

污染治理投资。2014 年京津冀地区环境污染治理投资同比增长 24.77%，占 GDP 比重提高了 0.31 个百分点。分省市看，2014 年京津冀三地环境污染治理投资同比分别增长了 5.58%、54.77%、30.74%（见图 1-4）。从地区的横向比较看，河北省环境污染治理任务最重，环境污染治理投入力度最大，北京次之，天津最小。为推动建立协同治理的长效机制，北京已支持廊坊、保定两市治污资金多达 5 亿元。

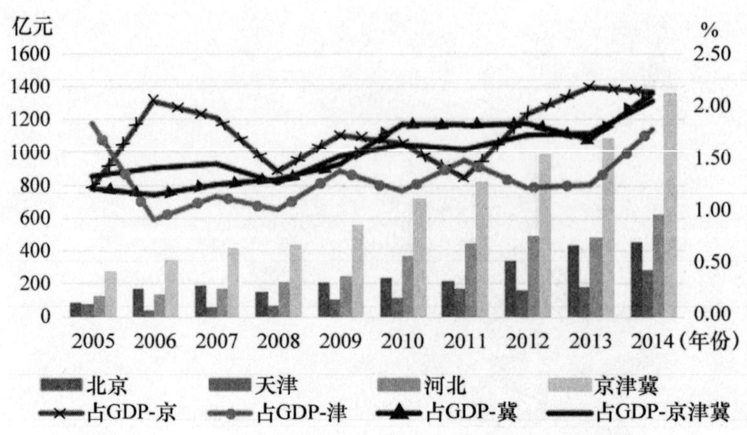

图 1－4　京津冀地区环境污染治理投资及 GDP 占比

资料来源：相关年份的《中国环境年鉴》。

生态建设持续推进。在造林绿化方面，太行山绿化、“三北”防护林、沿海防护林等重点生态工程和平原造林加快推进，京津保生态过渡带完成造林绿化 40.8 万亩。野三坡—百花山、海陀山、雾灵山区域等环首都国家公园体系加快规划建设，2022 年北京冬奥会绿化工程加快实施。河北省政府印发《河北省建设京津冀生态环境支撑区规划（2016—2020 年）》，加快农田防护林网建设。从人均城市绿地面积看，京津冀地区大力推进城市绿化，成效显著。2005—2015 年京津冀地区人均城市绿地面积呈稳步增长态势，2015 年人均城市绿地面积为 17.15 平方米/人，同比增长 9.45%。分省市看，2015 年京津冀三地人均城市绿地面积分别为 37.45 平方米/人、18.36 平方米/人、10.96 平方米/人，分别同比增长 17.74%、10.06%、

1.89%(见图1-5)。北京市人均城市绿地面积远高于津冀两地，分别是天津的2.04倍和河北的3.42倍。

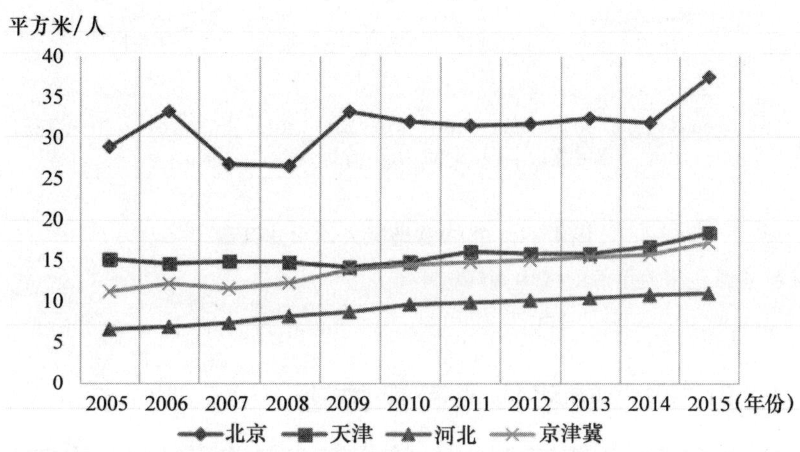

图1-5　京津冀地区人均城市绿地面积

资料来源：相关年份的《中国环境年鉴》。

水资源供应形势明显好转。从人均水资源量看，2005—2015年京津冀地区呈波动变化，2015年京津冀地区人均水资源量为157.37立方米/人，较上年增长25.53%。分省市看，2015年京津冀三地人均水资源量分别为124立方米/人、83.6立方米/人、182.5立方米/人，较上年分别增长30.39%、9.86%、26.47%(见图1-6)。可见，随着京津冀协同发展战略的大力实施和南水北调东中线工程的相继通水，京津冀地区水资源形势正在发生显著的变化。

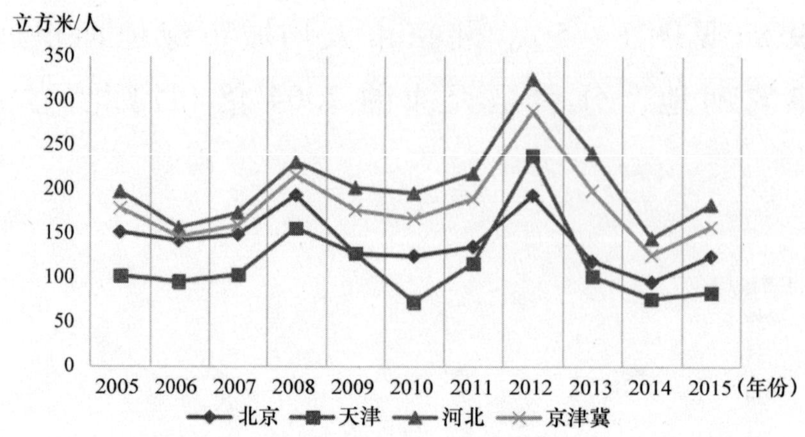

图 1－6　京津冀地区人均水资源量

资料来源：相关年份的《中国环境年鉴》。

（四）产业转移协作有序推进

产业转移日趋活跃。工信部和京津冀三地政府联合举办了产业对接活动，一批重大项目签约落地。北京亦庄·永清高新区已建立，曹妃甸区、渤海新区、北京新机场临空经济区等产业转移协作平台蓄势待发，京津冀大数据走廊、正定中关村集成电路封装测试园等一批重点项目开工建设。河北省为推进产业有序合理转移，重点规划了 5 个产业带、40 个承接平台、100 个产业共性技术平台，已建成 190 多个产业园区，全面实施了产业协同创新模式推广工程，使京津产业转移变得更为顺畅。同样，天津市大力推进滨海—中关村科技园、未来科技城等合作载体建设，主动承接非首都功能。据统计，2016 年天津市引进京、冀项目 857 个，到位资金 1739.29 亿元，占全市实际利用内资的 43.00%。

产出强度总体上升。统计显示，2005—2015 年京津冀地区产出强度总体呈增长态势，2015 年产出强度达 15.50 亿元/平方千米，比 2014 年略有下降，主要的原因是京津冀地区经济增速放缓。分省市看，2015 年京津冀三地产出强度分别为 16.33 亿元/平方千米、18.44 亿元/平方千米、13.56 亿元/平方千米，北京同比上升了 6.85%，津、冀同比分别下降了 5.31%、4.29%（见图 1-7），但这只是短期现象，未来有望企稳回升。

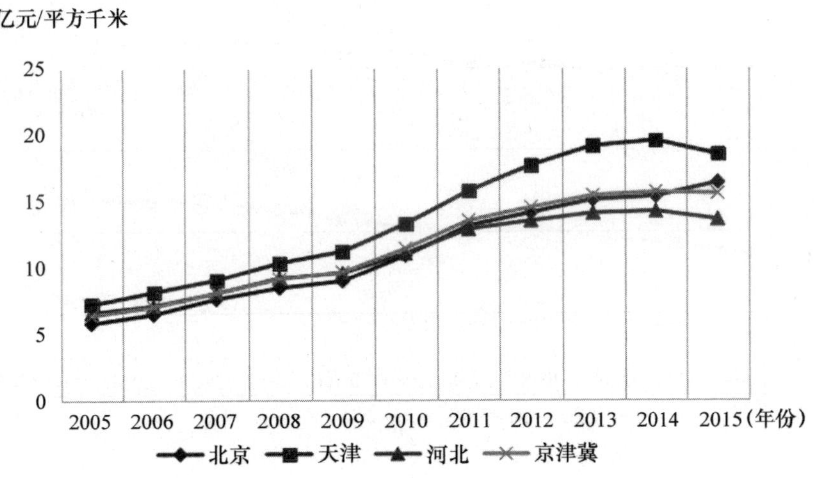

图 1-7　京津冀地区产出强度

资料来源：相关年份的《北京统计年鉴》《天津统计年鉴》和《河北经济年鉴》。

（五）创新驱动区域发展增强

区域创新投入增长较快。统计显示，2005—2015

年京津冀地区不断加大创新投入力度，2015 年研发经费投入强度（R&D 经费支出与 GDP 之比）为 3.24%，比 2014 年增加了 0.16 个百分点。分省市看，2015 年京津冀三地区的研发经费投入强度分别是 6.01%、3.00% 和 1.14%，保持持续增长的势头（见图 1－8）。纵观两市一省的数据，北京市研发经费投入强度最高，天津次之，河北最低，尽管这样，河北省研发经费投入强度正处于加速追赶阶段。

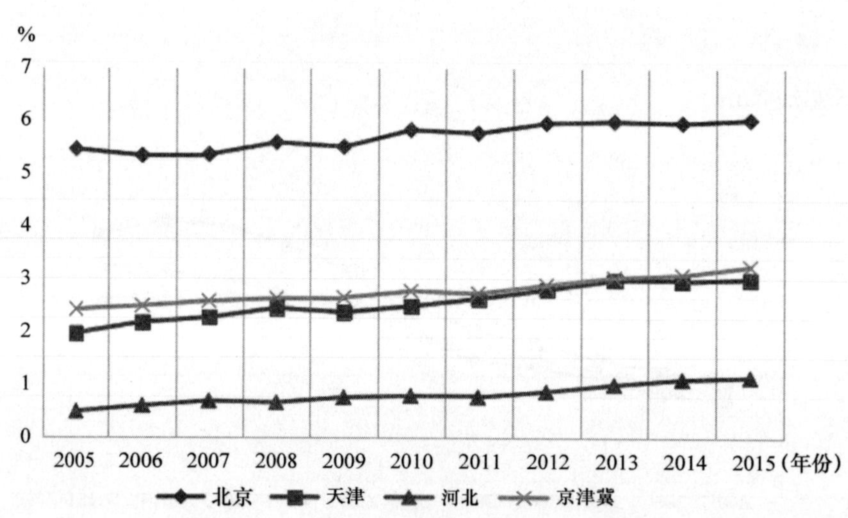

图 1－8　京津冀地区创新投入强度

资料来源：相关年份的《中国统计年鉴》《中国科技统计年鉴》。

区域协同创新步伐加快。2014 年 8 月，京津冀三地签署了《京津冀协同创新发展战略研究和基础研究合作框架协议》。2016 年 7 月，全国首个区域性全面创新改革方案《京津冀系统推进全面创新改革试验方案》获得了国务院正式批复。为积极落实改革责任，北京市出台了《北京市人民政府关于大力推进大众创业万众创新的实施意见》《北京市人民政府关于积极推进“互联网+”行动的实施意见》《北京市人民政府进一步优化提升生产性服务业加快构建高精尖经济结构的意见》等政策，制定实施了《北京加强全国科技创新中心总体方案》。为了促进京津冀三地加快创新链、产业链、资金链、政策链深度融合，国家有关部门制定了《关于建设京津冀协同创新共同体的工作方案（2015—2017年）》《中关村国家自主创新示范区京津冀协同创新共同体建设行动计划（2016—2018年）》等文件，天津未来科技城京津合作示范区、保定·中关村创新中心等创新合作载体加快建设。北京作为科技创新中心，对津、冀的科技辐射力度不断增强。统计显示，2015年，北京向津冀输出技术合同成交额达111.5亿元，同比增长34.2%；2016年，北京向津冀输出技术合同成交额达154.7亿元，同比增长38.7%。[①]

大众创业蓬勃兴起。北京市中关村创业大街已成为全国“双创”的示范区，北京市的双创地图2.0已成为各地双创的“晴雨表”。天津市河北区人民政府

① “习近平总书记视察北京三周年来北京市新举措新变化新成果”新闻发布会。

与北京“创业公社”投资发展有限公司成立“创业公社·天津—京津冀协同发展示范基地”。河北省印发了《河北省人民政府关于发展众创空间推进大众创新创业的实施意见》《河北省省级众创空间建设工作指引》，大力鼓励大众创业，创业氛围日渐浓厚，全国首家众创空间联盟在石家庄成立。据统计，2005—2015 年京津冀地区新设立企业数占比呈波动性发展态势，2015 年为 10.91%，比 2014 年增长了 1.58 个百分点。分省市看，2015 年京津冀三地新设立企业数占比分别为 5.16%、17.7%、13.9%，京、津两地比上年分别增长了 1.62 个百分点、5.08 个百分点，而受宏观经济形势和产业结构调整的影响，河北省比上年下降了 1.0 个百分点（见图 1-9）。

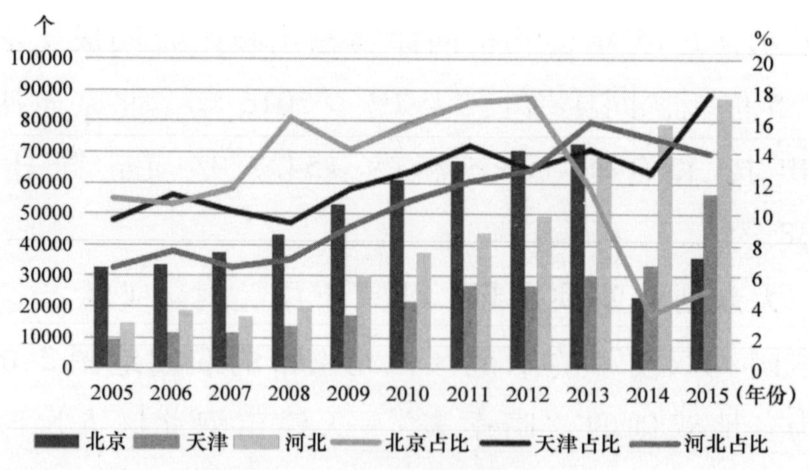

图 1-9 京津冀地区新设立企业数及占比

资料来源：相关年份的《中国基本单位统计年鉴》。

(六) 公共服务明显改善

公共服务投入加大。统计数据显示，2005—2015年京津冀人均一般公共预算支出平稳增长，2015年京津冀三地区分别为26428.83元/人、20894.31元/人、7585.44元/人，比上年分别增长25.68%、9.87%、19.75%（见图1-10）。2015年京津冀三地人均一般公共预算支出之比为3.48:2.75:1，河北省人均一般公共预算支出分别约为北京的1/3、天津的1/2。相比河北省，京、津两市的公共服务投入力度较大，服务水平相对较高。

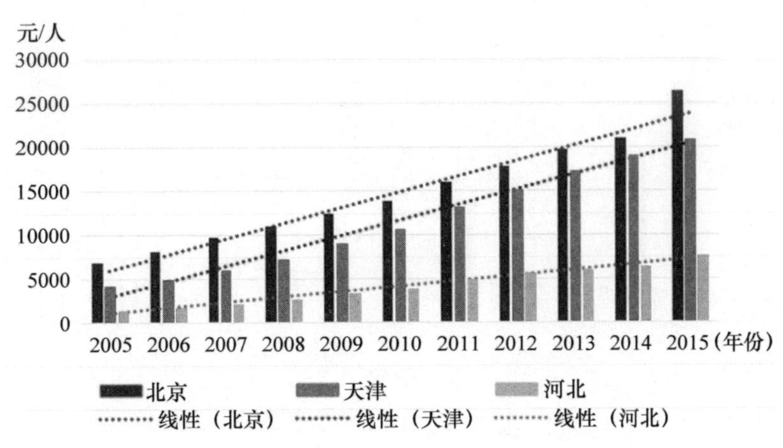

图1-10　京津冀地区人均一般公共预算支出

资料来源：相关年份的《中国统计年鉴》。

区域就业机会明显增多。在京津冀协同发展的背景下，京津冀三地为促进就业开展了各种形式的人才交流活动，如2016年4月北京市人才服务中心、中国北方人才市场（天津）、河北省人才交流服务中心共同举办了“京津冀区域（北京）人才交流洽谈会”，2016年11月北京市职介中心、河北省就业服务局联手举办“京冀对口协作网络招聘会”等，这些交流活动不仅吸引了三地人才合理流动，还活跃了就业市场。据统计，2005—2015年京津冀地区社会就业规模持续扩大，就业形势好于预期（见图1－11）。2015年京津冀新增就业人员58.8万人，同比增长0.94%。分省市看，2015年京津冀三地区的新增就业人员分别为29.4万人、19.6万人、9.8万人。从增速看，北京增长最快，天津次之，河北最慢。

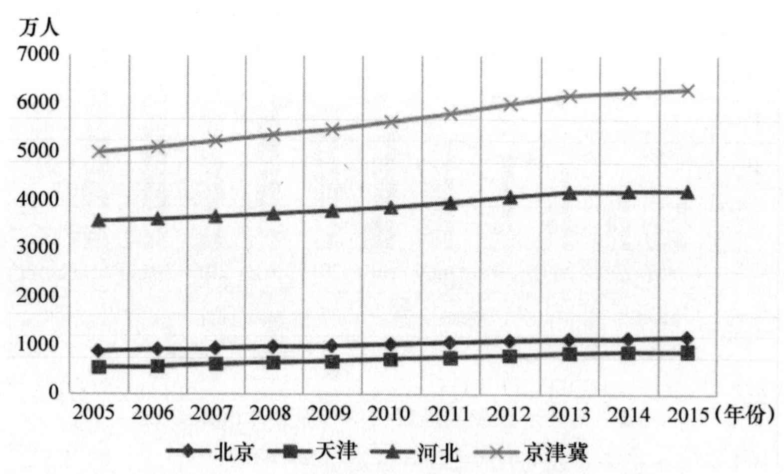

图1－11 京津冀地区社会从业人员增长

资料来源：相关年份的《北京统计年鉴》《天津统计年鉴》和《河北经济年鉴》。

京津冀教育携手发展。一方面，京津冀教育合作形式多样。2015 年 10 月，京冀两地教育主管部门签署了《京冀两地教育协同发展对话与协作机制框架协议》，深化了两地教育交流与合作，将围绕两地联合办学、异地办学、学科专业建设、资源共建共享、干部教师培训挂职、科技协同创新、产教融合、人才培养与需求对接等领域达成务实合作。到 2016 年年底，河北省对接京津两地高校 18 所、科研院所 26 个，全省中学、中等职业学校与京津两地签订协同发展协议 133 项，如承德六道河中学已与北京民大附中、天津南开中学签订合作办学协议，唐山市第一职业中专与北京现代职业学校联合办学，京师沃学教育与张家口涿鹿职业教育中心签订“教师资格认证培训”项目合作协议等。另一方面，京津冀教育机会更加公平。据统计，2005—2015 年京津冀三地区高考本科录取率总体呈上升趋势，差距日趋缩小，2015 年分别为 65.06%、72.43%、50.50%，京、冀两地较上年分别增长了 4.15 个百分点、1.93 个百分点，天津较上年下降了 0.20 个百分点，其中，2015 年京津冀三地高考本科录取率之比为 1.29∶1.43∶1（见图 1－12）。

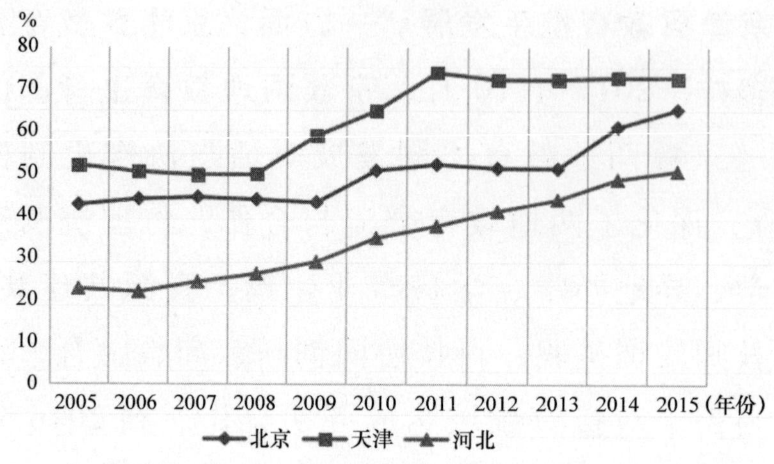

图 1－12　京津冀地区高考本科录取率

资料来源：相关年份的《中国教育统计年鉴》。

京津冀医疗合作全面提速。京津冀医疗协作进一步深化，合作项目明显增加。为了推动医疗资源优化布局和实现河北享受京津同质的医疗服务，2015 年 9 月京津冀三地卫生计生委签订了《京津冀卫生计生事业协同发展合作协议（2015—2017 年）》，深入推进重点区域卫生计生、医疗服务、公共卫生等十个方面的合作。同时，北京与张家口、唐山、承德等市政府签订了《医疗卫生协同发展框架协议》，启动了北京—河北燕达、北京—曹妃甸、北京—张家口、北京—承德、北京—保定等重点医疗合作项目。统计数据表明，京津冀医疗协同发展成效初显，河北病人在当地也能得到京津两地知名专家远程诊疗。2015 年京、津两地医院诊疗人次增量分别为 598.8 万人次、136.3 万人次，较上年分别下降了42.63%、80.66%，河北医院诊疗人次增量为1082.9万人次，较上年增长了55.17%（见图1-13）。

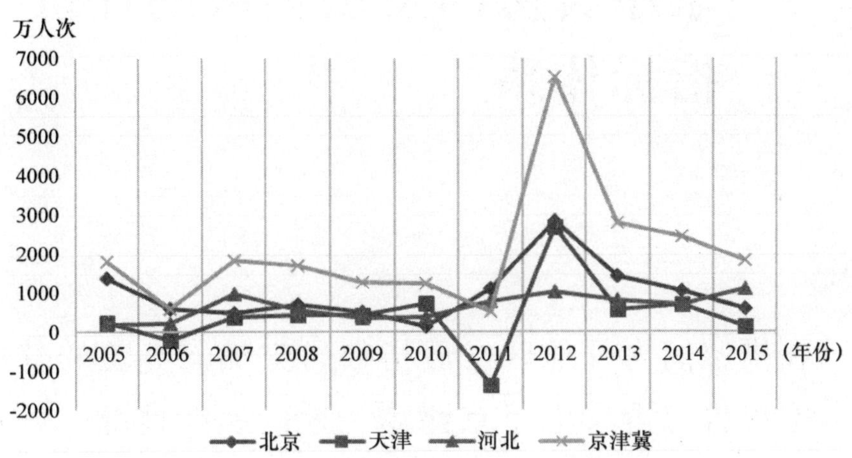

图1-13 京津冀地区医院诊疗人次增长趋势

资料来源：相关年份的《北京统计年鉴》《天津统计年鉴》和《河北经济年鉴》。

二　京津冀协同发展指数的评价指标体系

在借鉴国内外地区发展指数研究编制经验的基础上，本报告综合考虑了京津冀三地的实际情况，分别构建了京津冀协同发展指数和省域综合发展指数，旨在对京津冀区域和京津冀三地经济社会发展进行比较全面的“体检”，借此分析京津冀协同发展取得的阶段性效果。

（一）指标体系的构建原则

为了准确、直观地反映京津冀协同发展水平及其变化，本报告坚持以“创新发展、协调发展、绿色发展、开放发展、共享发展”五大理念为指导和分析视角，透过五大理念看京津冀协同发展的本质内涵及进展情况。同时，在构建京津冀协同发展指数过程中，坚持以下基本原则。

1. 坚持前瞻性的原则

充分发挥指标对京津冀协同发展的跟踪监测作用，从中发现京津冀区域一些趋势性和苗头性的问题、主要矛盾变化、政策实施效果等，以便于及时对当前政策实施的阶段效果进行反馈。此外，指数结果可以为各级政府下一步调整或完善相关政策提供参考依据。

2. 坚持问题导向性的原则

评价指标体系设计综合考虑了京津冀区域现阶段存在的突出问题，并着眼于问题的要害之处，适当选择问题的靶向性指标，以便于发挥其对揭示突出问题的“风向标”作用。

3. 坚持可操作性的原则

在指标和方法选取时，注重代表性和可得性相结合，充分考虑指标背后的真实意涵和数据采集难易程度，同时选择可行、实用、科学的测算方法，确保指数结果能够比较准确地反映京津冀区域发展的现实，又能经得住推敲。

4. 坚持整体监测与局部监测相结合的原则

本报告坚持整体与局部相结合的原则，统筹考虑到不同行政区域，采取“1 + 3”形式设计评价指标体系：“1”是指区域层面的指标体系，强调整体的协同发展；“3”是指京津冀三地省级层面的发展指标体系，反映京津冀三地在创新发展、协调发展、绿色发展、开放发展和共享发展五个方面的综合水平。

（二）指标体系的研究设计

京津冀协同发展指数评价指标体系的构建主要包括设计指标体系、确定指标权重和选择测算方法三个环节。在指标体系设计过程中，本报告将京津冀作为一个整体区域进行评价，将创新发展、协调发展、绿色发展、开放发展和共享发展五个协同发展指数合成一个综合的区域协同发展指数。同时，从五大理念出发，构建一个适宜衡量京津冀三地发展的评价指标体系。这个“1+3”的评价指标体系既可以考察京津冀协同发展战略实施的阶段成效，又可以测度京津冀三地的综合发展水平。

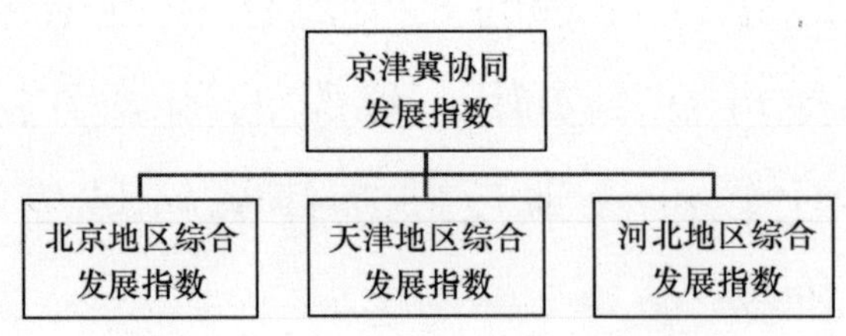

图2-1 “1+3”的评价指标体系

当然，这两个指标体系既紧密联系，又有各自的侧重点。京津冀协同发展指数侧重于衡量“协同发展”的阶段效果，而省域综合发展指数侧重于京津冀三地自身及其内部的发展情况。

在京津冀协同发展指数的评价指标体系构建中，本报告按照五大发展理念进行构思，将创新发展、协调发展、绿色发展、开放发展、共享发展作为5个一级指标。在每个一级指标下设5个二级指标，每个二级指标对应1个三级指标，共计25个三级指标，其中，许多三级指标是基于“协同发展”考虑而选取的（见表2－1）。省域综合发展指数评价指标体系同样包含5个一级指标，但二级指标的选择则综合考虑了各地的实际情况及数据的可得性等因素，不再追求每个一级指标的二级指标个数相等（见表2－2）。

表2－1　京津冀协同发展评价指标体系设定

理念层	目标层	指标层	指标类型
创新发展	创新投入	研发支出占GDP比重的地区差异	+
	创新协作	北京对津、冀的技术交易额占北京面向京外技术交易总额的比重	+
	结构优化	高技术产业主营业务收入占规模以上工业总产值的比重	+
	创新效率	专利授权量与研发投入经费之比	+
	大众创业	新设立企业数占当年企业总数的比重	+

续表

理念层	目标层	指标层	指标类型
协调发展	地区差距	人均 GDP 的地区差距（泰尔指数衡量）	−
	城乡差距	城乡收入差距	−
	城市规模	城市规模分布指数①	−
	地区分工	同行业产业结构差异化指数②	+
	产出强度	单位建成区面积创造的非农产业增加值：亿元/平方千米	+
绿色发展	能源消耗	单位 GDP 的能源消耗量：吨/万元	−
	碳排放	单位 GDP 的二氧化碳排放量：吨/万元	−
	大气治理	PM2.5 年平均浓度：③ 微克/立方米	−
	资源利用	单位工业增加值耗水量：立方米/元	−
	生态建设	人均城市绿地面积：公顷/万人	+
开放发展	贸易开放	进出口额与 GDP 之比	+
	资本开放	国际资本流量（实际利用外资额与对外投资额之和）与全社会固定资产投资额之比	+
	交通一体化	高速公路和铁路的路网密度：千米/万平方千米	+
	市场一体化	工业品出厂价格指数波动的一致性④	−
	区域贸易流	区域间铁路货物交流量：万吨	+

① 利用京津冀区域城市规模（人口规模）排名前两位的城市人口规模与排名前五位的城市人口规模进行比较。

② 选取三地食品制造业、化学原材料及化学制品制造业、医药制造业、黑色金属冶炼及压延加工业、金属制品业、交通运输设备制造业、通信设备、计算机及其他电子设备制造业 7 类产品数据测算克鲁格曼指数，并以京津为参照系。

③ 2013 年之前为 PM10 浓度数据，2013 年及之后年份为 PM2.5 浓度数据。

④ 这里利用生活资料类产品的生产者出厂价格指数数据测算，以避免受生产类资料产品价格大幅波动的影响。

续表

理念层	目标层	指标层	指标类型
共享发展	收入差距	居民收入差距	-
	公共服务差距	人均公共财政支出的地区差距	-
	教育公平	高考本科录取率的地区差距	-
	精准扶贫	贫困人口占地区总人口比重①	-
	就业机会	城镇就业人员占劳动年龄人口比重	+

注：此为京津冀协同发展指数评价指标体系，省域综合发展指数评价指标体系的二级指标设定上略有不同。“+”代表此指标为正向指标，“-”代表此指标为逆向指标。

表2-2　京津冀省域综合发展指数评价指标体系

理念层	目标层	指标层	指标类型
创新发展	创新投入	研发支出占GDP比重	+
	创新人才	万人拥有专业技术人员：人/万人	+
	结构优化	高技术产业主营业务收入占规模以上工业总产值比重	+
	创新效率	专利授权量与研发技术经费之比：件/万元	+
	大众创业	新设立企业数占当年企业总数的比重	+
协调发展	地区差距	人均GDP的地区差距：泰尔指数	-
	城乡差距	城乡收入差距	-
	公共服务差距	人均财政支出的地区差距	-
绿色发展	能源消耗	单位GDP的能源消耗量：吨/万元	-
	碳排放	单位GDP的二氧化碳排放量：吨/万元	-
	大气治理	PM2.5年平均浓度：微克/立方米	-
	资源利用	单位工业增加值耗水量：元/立方米	-
	生态建设	人均城市绿地面积：万人/公顷	+

① 这里的“贫困人口”指城镇与农村的低保户人口。

续表

理念层	目标层	指标层	指标类型
开放发展	贸易开放	进出口额与 GDP 之比	+
	境外投资	对外投资额/社会固定资产投资额	+
	人口流动	净迁入人口/总人口	+
	入境旅游	入境游客人次/国内外接待游客量	+
共享发展	收入差距	居民收入差距（泰尔指数）	-
	教育公平	高考升学率	+
	减贫脱贫	低保人口占地区总人口比重	-
	就业机会	城镇就业人员占劳动力人口比重	+

注：这里的“贫困人口”同样指城镇与农村低保户人口。

1. 创新发展指标

在新旧动能转换过程中，“大众创新、万众创业”是国家当前力推的一项重要工作。因此，为了反映京津冀创新发展的基本情况，本报告在指标体系中设立了创新投入、创新协作、创新优化、创新效率和大众创业 5 个目标层。具体到各个目标层是：（1）选取研发支出占 GDP 比重的地区差异作为衡量创新投入的指标；（2）用北京对津、冀的技术交易额占北京面向京外技术交易总额的比重作为衡量创新协作的指标；（3）利用高技术产业主营业务收入与规模以上工业总产值之比来衡量京津冀区域的结构优化情况；（4）通过专科授权量与研发投入经费之比反映区域的创新效率；（5）为了测度京津冀大众创业状况，这里选取了新设立企业数占当年企业数的比重。

同样，衡量省域创新发展指标也包括了5个二级指标，但在二级指标选取时，使用“创新人才”替换了“创新协作”，选取了万人拥有专业技术人员这一指标，以强调省级层面的创新发展能力。

2. 协调发展指标

京津冀协同发展面临三个突出问题：一是区域差距较大；二是城乡差距大，河北省城镇化水平不高；三是城市规模分布不合理。本报告吸收了国家“十三五”规划纲要的有关精神，结合京津冀地区实际，设计了地区差距、城乡差距、城市规模、地区分工和产出强度5个目标层。主要包括：（1）通过泰尔指数测度地区人均GDP差距来代表地区差距，以反映区域协调程度；（2）选取城乡居民收入差距反映城乡协调程度；（3）利用城市规模分布指数［利用京津冀城市规模（人口规模）排名前两位的城市人口规模与前五位的城市人口规模进行比较］测度城市规模的集中和分散程度；（4）通过同行业产业结构差异化指数反映地区分工协调程度；（5）通过单位建成区面积的非农产业增加值来衡量京津冀产出强度情况。

在省域协调发展指标中，剔除了上述反映京津冀三地产业发展分工与协作的指标和城市规模分布的指标，保留了地区差距和城乡差距指标，又引入了一个公共服务差距指标。与协同发展指数不同的是，这里的地区差距是指河北省地级市层面差距或京津区（县）层面差距。在指数具体设计过程中：（1）使用人均 GDP 的地区差距来反映省域内的地区差距；（2）利用城乡居民收入差距衡量城乡差距；（3）利用人均财政支出的地区差距反映地区公共服务差距。

3. 绿色发展指标

京津冀地区资源环境压力大，问题相当突出，对绿色发展的要求非常迫切。从某种意义上讲，绿色发展对京津冀居民而言是迫切需要改善的民生工程。本报告设计了能源消耗、碳排放、大气治理、资源利用和生态建设 5 个目标层。主要包括：（1）用单位 GDP 能耗指标来衡量能源消耗；（2）利用单位 GDP 的 CO_2 排放量来衡量碳排放情况；（3）空气质量是用 PM2.5 平均浓度衡量；（4）资源利用选取了单位工业增加值耗水量进行衡量；（5）生态建设是用人均城市公共绿地面积衡量。

同样，省域绿色发展指标参照了上述 5 个二级指标进行选取。

4. 开放发展指标

在设计开放发展目标层时，本报告考虑到数据的可得性，侧重于从贸易开放、资本开放、交通一体化、市场一体化和区域贸易流这 5 个方面来全面衡量京津冀地区对内对外的开放程度。具体包括：（1）用进出口额与 GDP 之比来衡量贸易开放程度；（2）利用国际资本流量（实际利用外资额和对外投资额之和）与固定资产投资占比衡量资本开放情况；（3）利用高速公路和铁路的路网密度来反映京津冀交通一体化情况；（4）京津冀市场一体化则使用生活资料类工业生产者出厂价格指数波动一致性来衡量；（5）区域贸易流反映的是区域内贸易往来情况，使用区域间铁路货物交流量的增速来衡量。

省域开放发展指标共有 4 个二级指标，保留了反映对外开放程度的“贸易开放”指标；另外新设境外投资、人口流动和入境旅游 3 个指标。其中，（1）使用进出口额与 GDP 之比来反映贸易开放情况；（2）使用对外投资与全社会固定资产投资额之比来反映对外投资情况；（3）利用省域外来人口与总人口之比来反映人口流动情况；（4）通过入境旅游人数与国内外接待游客量之比来衡量入境旅游情况。

5. 共享发展指标

京津冀协同发展的主要目标之一是实现发展成果的区域共享，进一步缩小区域差距。在目标层选取时，本报告综合考虑了共享发展的内涵、地区实际、数据可得性等因素设计了收入差距、公共服务差距、教育公平、精准扶贫和就业机会 5 个目标层。其中，

（1）收入差距是通过京津冀三地居民的收入差距来反映，利用泰尔指数方法进行测度；（2）公共服务差距是利用人均公共财政支出的地区差距来反映；（3）本报告用教育公平代表“机会公平”，选择高考本科录取率的地区差距进行衡量；（4）脱贫攻坚是京津冀全面建设小康社会的重点任务，选择低保户人数占地区总人口的比重进行衡量；（5）为了反映京津冀区域内的就业机会，这里使用社会从业人员占劳动年龄人口（15—64 岁的人口）的比重进行衡量。

省域共享发展指标共有 4 个二级指标，剔除了区域层面的公共服务差距，其他指标设定情况与上面保持一致。

（三）指标体系的测算方法

本指标体系是以 2005 年京津冀的指标值为基数，通过时序变化观察创新、协调、绿色、开放和共享五方面发展的指标值和综合指标值的变动趋势。

1. 权重确定

通过设定均等权重的方法将经过标准化后的三级指标值加总得到二级指标值，进而得到 5 个一级发展指标和最终的综合指标（见表 2－3）。此外，对于指标体系中的人均地区生产总值（GDP）地区差距、居民收入差距、人均公共财政支出等指标，本报告利用各地的地区生产总值指数（以2005年为基期）进行平减。在加总三地数据时，除了考虑剔除物价影响之外，还利用各地GDP占比或人口占比作为权重加总求得京津冀区域的总和指标值。

表2-3　指标值处理过程中的权重设置

指标	一级指标（发展指标）	二级指标（目标层）	三级指标（指标层）
权重	均等权重	均等权重	均等权重

2. **标准化处理**

为了保证各个指标层的可加性，首先对各个指标值进行标准化去量纲处理。

（1）京津冀协同发展指数的评价指标主要是看整个区域的纵向变化趋势，为此，综合比较了几种方法后，决定以2005年为基期做标准化：

处理方法如下：y_t为某指标的测算值，y_{2005}为某指标2005年的测算值，p_t为标准化后的指标值。

正向指标标准化处理：

$$P_t = \frac{y_t}{y_{2005}}$$

逆向指标标准化处理：

$$P_t = \frac{1}{y_t / y_{2005}}$$

（$t = 2005$，…，2015）

（2）为方便对京津冀三地最终测算结果在不同时间和地区间层面的比较，本报告选取另一种正向和逆向指标标准化的处理方法。

处理方法如下：Y_{it}为三地某指标的测算值，y_{min}为三地某指标各年份中出现的最小值，y_{max}为三地某指标测算出的各年份中出现的最大值，p_{it}为标准化后的指标值（$i=1$，2，3，分别代表北京、天津、河北）。

这样标准化处理的好处在于，既便于实现地区发展指标的纵向比较，也有利于对省域三地相同指标的横向对比。

正向指标标准化处理：

$$p_{it}=\frac{y_{it}-y_{min}}{y_{max}-y_{min}}$$

逆向指标标准化处理：

$$p_{it}=\frac{1/y_{it}-1/y_{max}}{1/y_{min}-1/y_{max}}$$

$$(t=2005,\ \cdots,\ 2015;\ i=1,\ 2,\ 3)$$

3. **指数合成**

通过对各指标值标准化处理和去量纲之后，利用均等权重将二级指标加总累加得到一级协同发展指标。由于5个发展指标均下设5个二级指标，为此，将各二级指标的权重均取20%（省域指标体系所用权重同样使用均等权重），累加可得到一级发展指标；将一级指标的权重均取20%，累加可最终得到合成的京津冀协同发展指数和省域综合发展指数，于是可根据2005—2015年各指标的变化情况，观察其趋势。

(四) 指标测算的数据说明

以上两个指数测算所使用数据均为国家和京津冀三地统计局或省（市）职能部门公开发布的权威数据（见表2-4），数据涵盖2005—2015年。主要数据来源见表2-4，同时也收集了国家统计局、民政部、海关、商务部等官方发布的统计公报以及其他相关数据。

在具体使用过程中，根据计算需要对数据进行平减、加权；另外，在个别指标缺失部分年份数据的情况下，根据年平均增长率或相邻年份指标的平均值补齐（具体方法根据数据变动规律而定）。

表2-4　数据来源一览

数据来源	《中国科技统计年鉴》《中国统计年鉴》 《中国劳动统计年鉴》《中国创业风险投资发展报告》 《中国基本单位统计年鉴》《北京统计年鉴》《天津统计年鉴》《河北经济年鉴》 《中国环境统计年鉴》 环保部网站公布各地区环境状况公报 《中国教育统计年鉴》《中国商务统计年鉴》 《中国出境旅游发展年度报告》 国家统计局网站、民政部官方网站、河北旅游政务网 《全国教育经费执行情况统计公告》（教育部财政司网） 《各地国民经济和社会发展统计公报》《中国对外直接投资统计公报》 《2015年中国农村贫困监测报告》 《北京教育年鉴》《天津教育年鉴》《河北教育年鉴》《河北年鉴》

三　京津冀协同发展指数的结果分析

上文已介绍了京津冀协同发展指数、省域综合发展指数评价指标体系及测算方法，本部分将报告测算出来的京津冀协同发展指数和京津冀三地省域综合发展指数及其二级指数的结果，并对这些指数变化进行深入分析。

（一）京津冀协同发展指数总体趋势

京津冀与长三角、珠三角共同构成了中国三大核心增长极。自 2014 年 2 月 26 日习近平总书记提出京津冀协同发展以来，京津冀协同发展已上升为国家战略，并进入实质推进阶段。那么，京津冀协同发展战略是否取得预期的阶段效果？京津冀协同发展成效是否得到社会各界的认可？京津冀协同发展的薄弱之处表现在哪些方面？下文将首先报告京津冀协同发展指数，然后从创新发展协同指数、协调发展协同指数、绿色发展协同指数、开放发展协同指数和共享发展协同指数这 5 个二级指数来分析京津冀协同发展的具体情况。

从图 3 - 1 可以看出，2005—2015 年这 11 年间除个别年份出现小幅度的波动以外，京津冀协同发展指数总体呈现明显的上升趋势。本报告把 2005 年基期的指数值设为 100，2015 年京津冀协同发展指数上升到 171，比 2005 年上升了 71%，上升幅度较大，其中共享发展协同指数和绿色发展协同指数是推动京津冀协同发展指数上升的主要力量，协调发展协同指数对京津冀协同发展指数的提高也起了重要的作用，相比之下，创新发展协同指数和开放发展协同指数的作用较小（见图 3 - 2）。这说明京津冀协同发展战略实施是推动协同发展指数近年来快速上升的关键力量，同时也说明了京津冀协同发展是一个有序推进、逐渐改善的过程。国家实施京津冀协同发展战略已取得了阶段性的成效。具体而言，2013 年以前，京津冀协同发展的趋势是缓慢上升的，升幅较小。虽然在京津冀协同发展概念提出来之前，2007 年国家就出台了《京津冀都市圈区域规划》，但区域协同发展的进程却是比较缓慢的，实质性的区域合作不多。2013 年以来，京津冀协同发展得到中央有关领导同志的高度重视，特别是 2014 年 2 月 26 日习近平总书记在京津冀协同发展工作座谈会上就京津冀协同发展作出重要指示。这次会议标志着京津冀协同发展上升为国家战略。很快，京津冀交通一体化、生态环境保护、产业转移协作被列为三个优先突破的领域。这些工作的效果可以从2014—2015年京津冀协同发展指数的快速上升中得到反映。

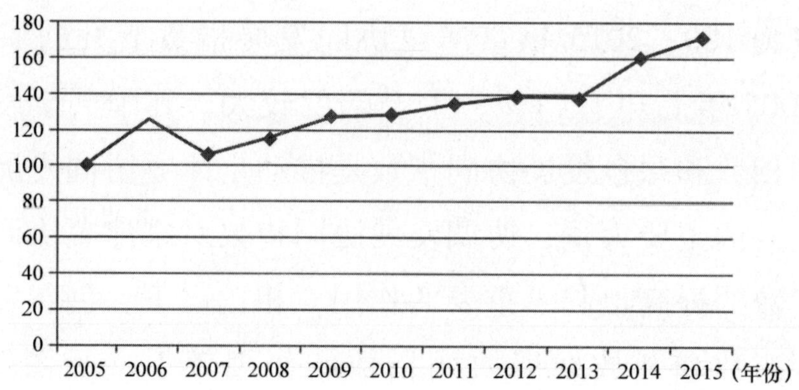

图3-1　京津冀协同发展指数变化趋势

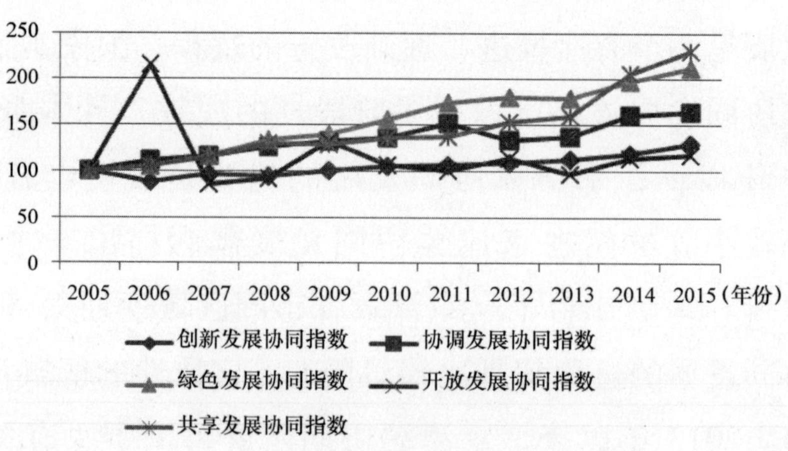

图3-2　京津冀五大发展指数变化趋势

综上可见，京津冀协同发展指数上升态势比较明显，特别是2013年之后，协同发展指数上升幅度更大，问卷调查结果更是证实了京津冀协同发展得到社会各界的认可。这表明了京津冀协同发展战略实施取得了明显的阶段成效，促进了京津冀的创新发展、协调发展、绿色发展、开放发展和共享发展，加快了区域交通一体化，加大了生态环境协同治理力度，促进了产业转移协作，增强了地区公共服务一体化。同时，上述指数变化也表明了，本届政府成立以来，京津冀公共服务、扶贫攻坚、教育公平等民生问题得到较大的改善。

（二）京津冀创新发展协同指数

《京津冀协同发展规划纲要》中把实施创新驱动发展视为有序疏解北京非首都功能、推动京津冀协同发展的战略选择和根本动力，强调要构建京津冀区域创新体系，建设区域创新共同体，不断整合区域创新资源。从图3－3中看出，京津冀创新发展协同指数虽然在2006年和2008年出现了小幅下降，但总体呈稳中有升、稳中向好的趋势，特别是2015年的指数值较2014年出现了较大的跃升，这说明了最近十年来京津冀协同创新水平明显提高，同时也证实了京津冀创新共同体建设、创新联盟组建等形式的协同创新开始发挥积极的作用。

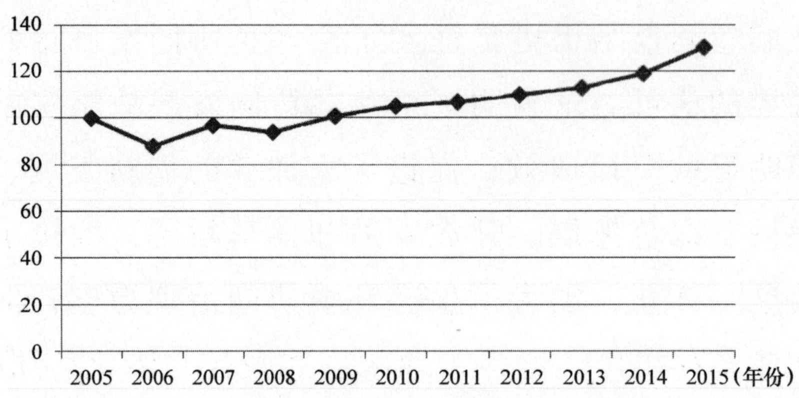

图3－3　京津冀创新发展协同指数变化趋势

在本报告中，创新发展协同指数是根据创新投入、创新协作、结构优化、创新效率和大众创业五个方面二级指标构建的。

图3－4反映的是京津冀创新投入变化趋势，从图中看出，研发支出占GDP比重地区差距这一指标下降趋势比较明显，这反映了京津冀三地不断加大对研发支出的投入，如2005—2015年，北京研发支出占GDP的比重上升了0.55个百分点，天津上升了1.03个百分点，河北上升了0.65个百分点，三地的差距出现缩小趋势。

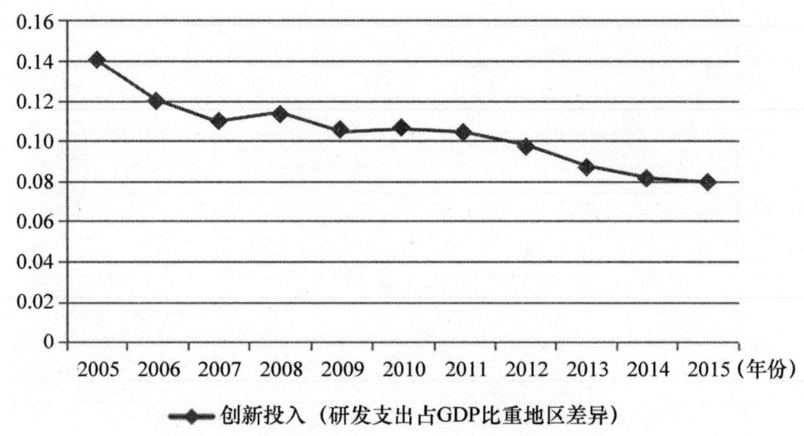

图 3－4　京津冀创新投入的地区差距变化趋势

从图 3－5 报告的创新协作指标的变化轨迹看，2009 年以前创新协作呈波动变化，2009—2012 年京津冀创新协作呈现下降的态势，这说明此阶段京津冀创新协作水平较低，实质性创新合作较少，京津冀三地之间的技术交易规模较小；相反，北京与长三角、珠三角的技术交易额较大，如 2012 年北京对津冀技术交易额占比为 5.63%，而对长三角和珠三角占比分别为 20.00%、12.00%。2014 年以后，京津冀协同发展战略实施以来，北京与天津、河北的技术交易额不断增加，技术交易额占比从 2013 年的 4.40% 上升到 2015 年的 5.90%；尽管创新协作指标上升幅度变化尚小，但下一步继续上升的势头明显。

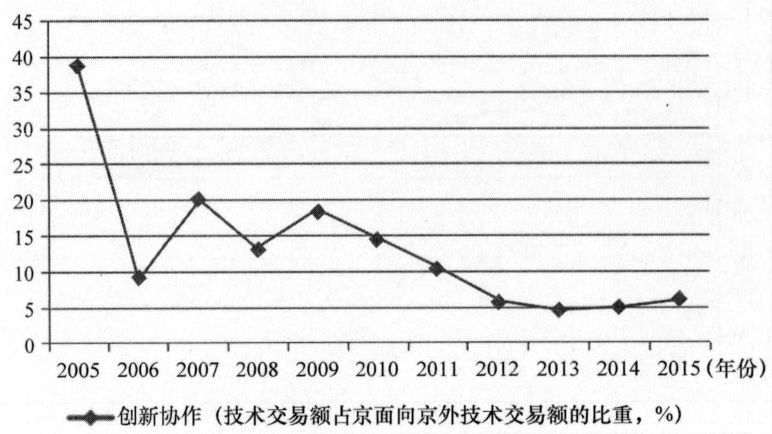

图 3－5　京津冀创新协作变化趋势

从图 3－6 报告的结构优化指标的变化趋势看，该指标变化趋势总体平缓，其中，2008—2011 年下降趋势较为明显，这说明国际金融危机的爆发对产业结构优化产生了一定的影响，高技术产业面临国际市场萎缩；2011 年尤其是2013 年之后，结构优化指标开始出

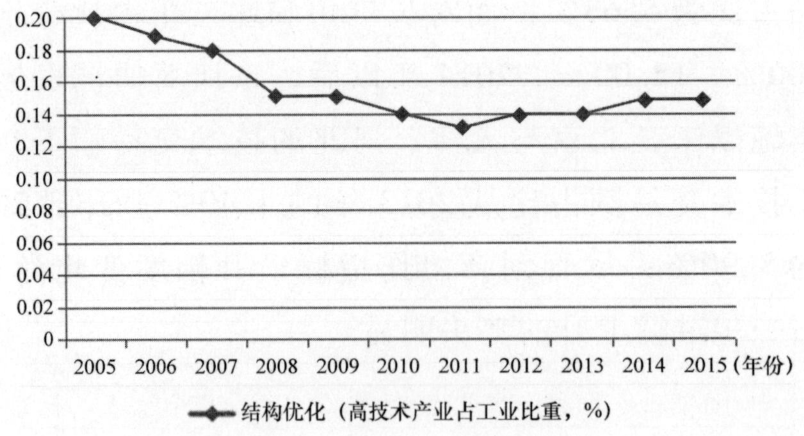

图 3－6　京津冀结构优化变化趋势

现上升态势，这表明了京津冀产业结构日趋优化，三地不断加大对高新技术产业的扶持和投资，并且京、津两地高技术产业对河北的溢出效应不断增加。

从图 3 -7 报告的创新效率指标看，这个指标呈现明显的上升趋势，2013 年以前创新效率平缓上升，2013 年以后这一指标上升态势明显，这说明在创新投入加大的同时，单位投入的专利授权量增长较快，创新效率不断提高。

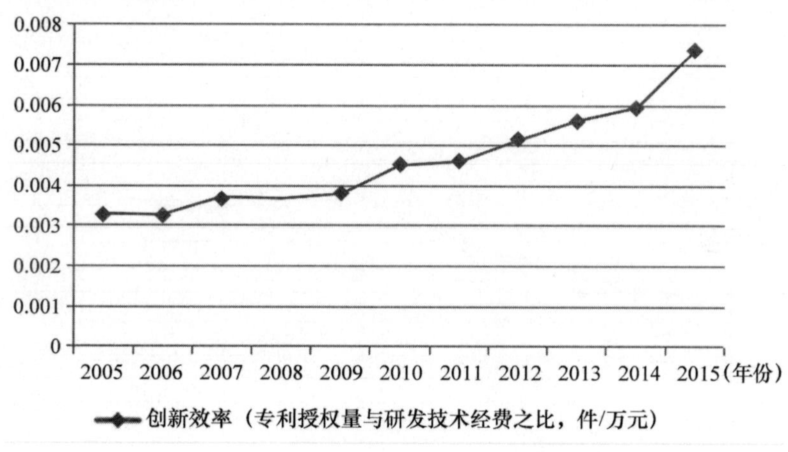

图 3 -7　京津冀创新效率变化趋势

从图 3 -8 报告的大众创业指标看，这个指标在 2012 年之前上升态势明显，2013 年下降幅度较大，造成这一现象的原因主要有两方面：一方面是北京 2013 年就出台了新增产业的限制和禁止目录，特别是 2014 年以来，与北京非首都功能疏解有关的产业都被列入新增产业的限制或禁止目录，由此影响了城乡居民的创业意愿；另一方面是2013年以来我国经济增速放缓也影响了大众创业的热情。以上两方面的因素相互叠加，最终导致了大众创业指标短期出现下降。2015年该指标出现企稳回升的趋势，这说明随着京津冀协同发展战略实施的不断深入，京津冀创新驱动发展加快推进，如北京市海淀区、天津市滨海新区中心商务区加快建设“双创”示范基地，京津冀三地众创空间已建成100余家，占全国备案众创空间总数的21%。

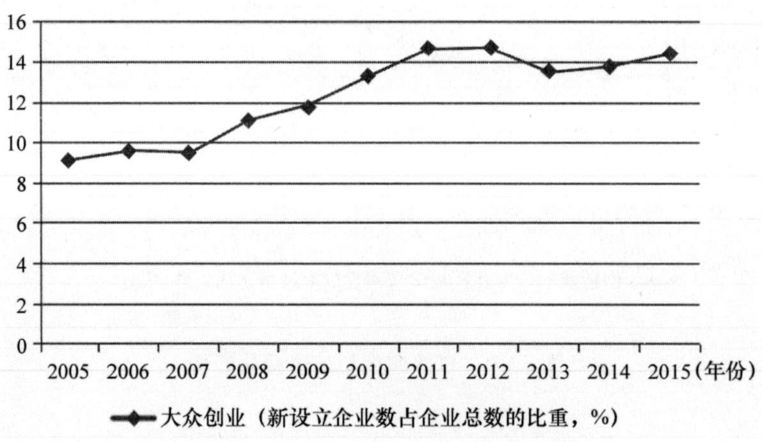

图3-8　京津冀大众创业的变化趋势

（三）京津冀协调发展协同指数

京津冀作为中国经济的三大核心区域之一，区域协调发展问题一直备受关注，京、津由于其具有明显的“虹吸效应”，导致河北人才、资金等要素不断流入，造成河北“灯下黑”现象，特别是环北京贫困带问题比较突出，因此，增强京津冀协调性意义重大。从图3－9中看出，协调发展协同指数主要表现为稳步上升、阶段下滑和企稳回升三个阶段，即使个别年份出现了下降，但没有改变总体上升的态势。具体而言，2005—2011年是稳步上升阶段，2012—2013年是阶段下滑阶段，2014—2015年是企稳回升阶段。

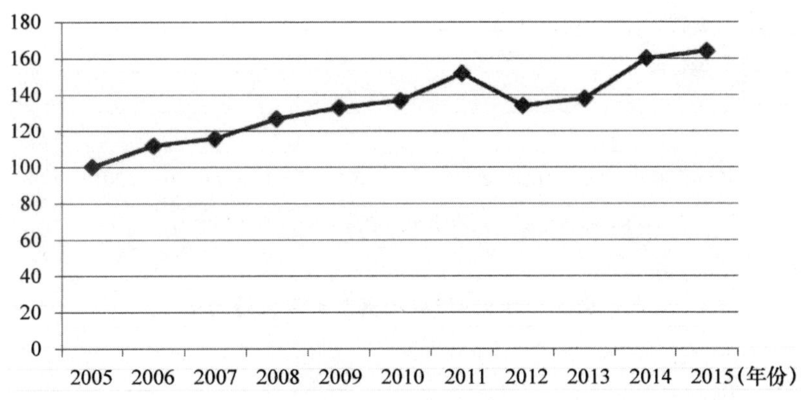

图3－9 京津冀协调发展协同指数变化趋势

在本报告中，协调发展协同指数是由地区差距、城乡差距、城市规模、地区分工和产出强度这五个方面指标构建的。

从图3－10报告的地区差距指标看，京津冀地区差距平缓上升，由于河北省人口基数大、传统产业占比高、开放水平较低等，其人均 GDP 与京、津差距依然非常明显。从图 3－10 中看出，2005 年京津冀地区泰尔指数为 0.11，2013 年为 0.14，2013—2015 年比较平稳，这说明京津冀地区差距虽然有小幅度上升，但近几年处于相对稳定的状态，随着京津冀协同发展的不断推进，三地差距有望缩小。

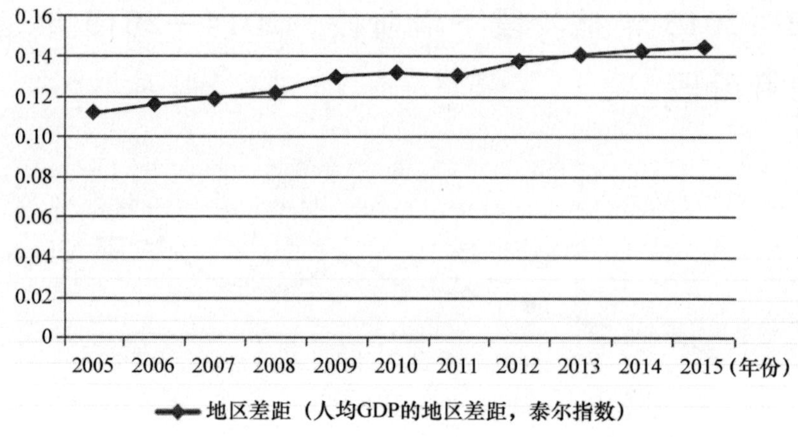

图 3－10　京津冀地区差距变化趋势

从图 3－11 报告的京津冀城乡差距看，这一指标的总体趋势是缩小的，虽然 2009—2011 年城乡差距出现了较大程度的上升，但 2011 年以后城乡差距开始下降，尤其是 2013 年之后下降态势更为明显。京津冀城乡居民收入差距缩小意味着城乡居民收入随着城乡公共服务均衡化和城镇化水平提高而得到改善。京津冀城镇化率从 2010 年的 55.70% 提高到 2015 年的

62.50%，高于全国同期平均水平，城乡居民收入差距不断缩小。

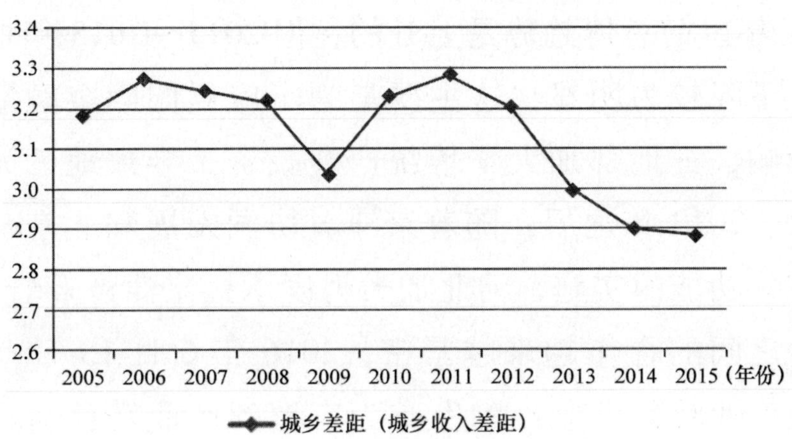

图 3－11　京津冀城乡差距变化趋势

从图 3－12 报告的城市规模指标看，这一指标与地区差距变化趋势基本一致（见图 3－10），京津冀大

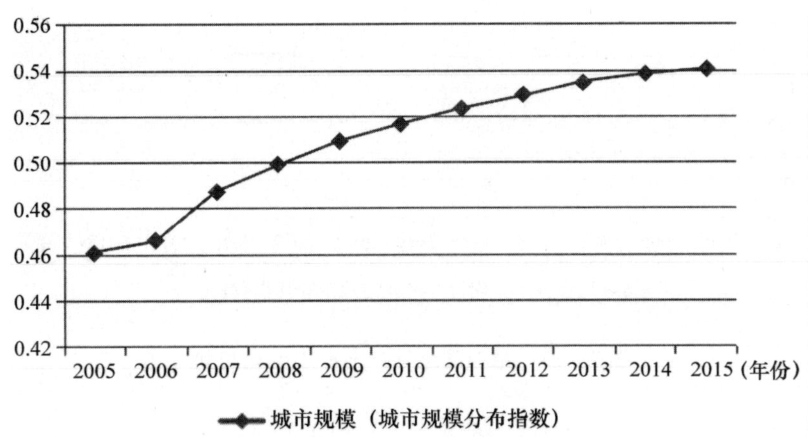

图 3－12　京津冀城市规模变化趋势

城市人口分布不平衡趋势加剧，京、津人口规模持续增长，削弱了河北省内城市的集聚能力。

从图3－13报告的地区分工指标看，这一指标在2011年以前总体趋势是上升的，但2011—2013年地区分工下降较为明显，这主要是为了应对国际金融危机的影响，三地都加大了传统产业投资，导致地区无序竞争，2013年之后，随着京津冀协同发展和北京疏解非首都功能的实施，河北加大力度承接京津产业转移，三地之间的合作越来越紧密，2016年6月13日《京津冀产业转移指南》的发布为三地的产业转移与承接指明了重点方向，可以预见，京津冀地区产业协作与分工将变得越来越高效。

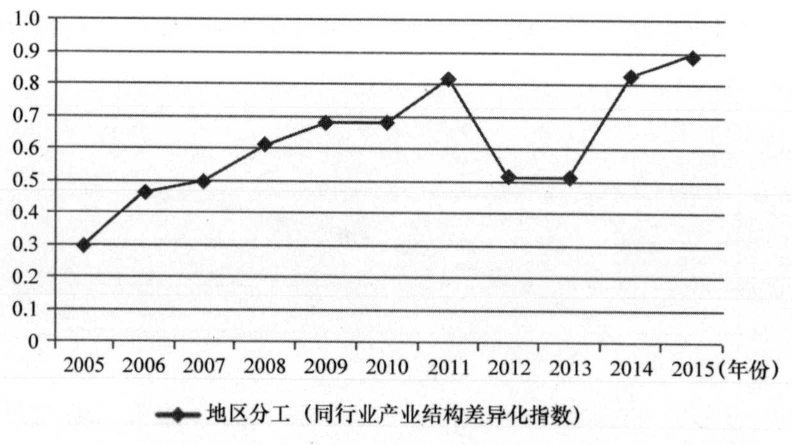

图3－13 京津冀地区产业分工变化趋势

从图3－14报告的产出强度看，京津冀产出强度上升态势比较明显，2005—2015 年总体趋势都是上升的，2013 年之后产出强度达到较高的水平，表明了产业强度越高，产业集聚化的趋势越明显，产业空间效率也就越高。

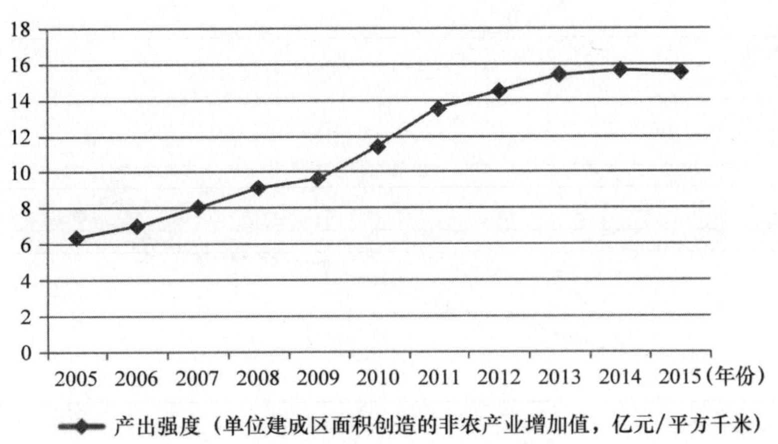

图 3－14　京津冀产出强度变化趋势

(四) 京津冀绿色发展协同指数

绿色发展是京津冀协同发展的重点任务。近年来，京津冀区域的环境形势日益严峻，雾霾天气频发，应对生态环境保护问题迫在眉睫。2015 年 12 月 30 日《京津冀协同发展生态环境保护规划》出台，明确了京津冀三地生态环境保护的目标、重点任务和主要举措。从图 3－15 可以看出，京津冀绿色发展指数总体呈现上升趋势，从 2005 年的 100 上升到 2015 年的 212，虽然在 2013 年出现了小幅下降，但

2014 年之后绿色发展指数出现了较大幅度的回升，尤其是京津冀协同发展进入实施阶段以来，京津冀生态环境保护得到了前所未有的重视。但也应该看到，京津冀地区居民还继续遭受着雾霾天气的困扰，京津冀生态环境保护成效尚未获得社会各界的赞许。

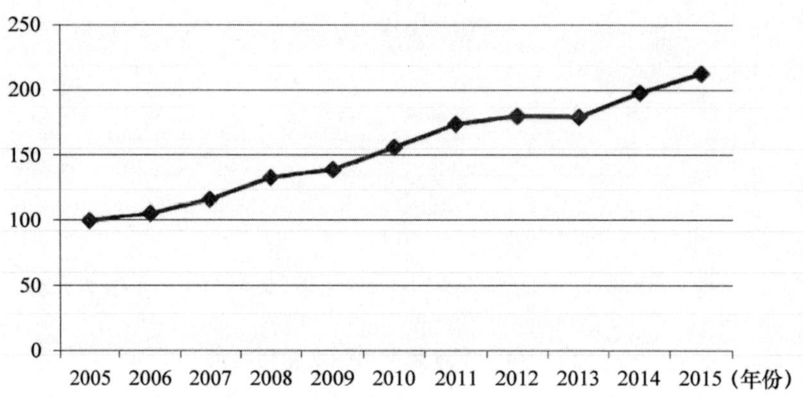

图 3－15　京津冀绿色发展协同指数变化趋势

绿色发展协同指数是由能源消耗、碳排放、大气治理、资源利用和生态建设这五个指标构建的。从图 3－16 能源消耗指标看出，能源消耗下降趋势明显，单位 GDP 能耗从 2009 年的 1.39 吨/万元下降到 2015 年的 0.64 吨/万元，企业通过技术创新等途径提高能源利用效率，从而实现能源消耗持续下降。

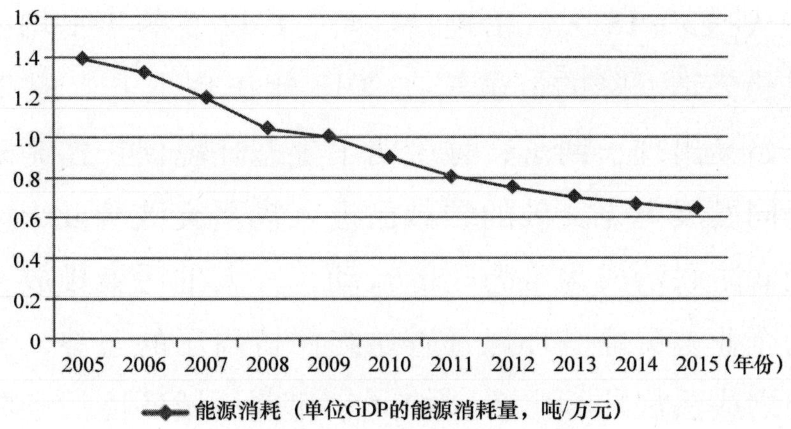

图 3 - 16　京津冀能源消耗变化趋势

从图 3 - 17 报告的碳排放指标看，京津冀碳排放呈现显著下降的趋势，单位 GDP 的碳排放量从 2005 年 0.27 吨/万元下降到 2015 年的 0.13 吨/万元，这一变化与地方政府加强环境监管、企业通过各种形式的自觉减排以及重点高排放行业市场不景气密切相关。

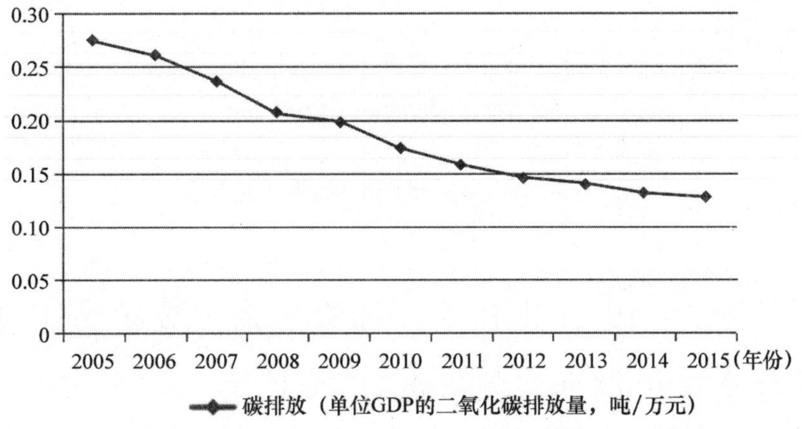

图 3 - 17　京津冀碳排放变化趋势

从图 3 - 18 大气治理指标看，PM2. 5 的年平均浓度的总趋势是下降的，虽然在 2013 年出现上升，但 2014 年开始又出现了回落，这说明了生态环境保护作为京津冀协同发展率先突破的领域已进入攻坚突破阶段，大气污染联防联治成为常态化的行动，一大批污染排放不达标的企业被关停，环保督查始终保持高压的态势，相关的规划或法规陆续出台，如《京津冀区域环境污染防治条例》《京津冀协同发展生态环境保护规划》等，这些工作的成效可以通过上述指标从侧面反映出来。

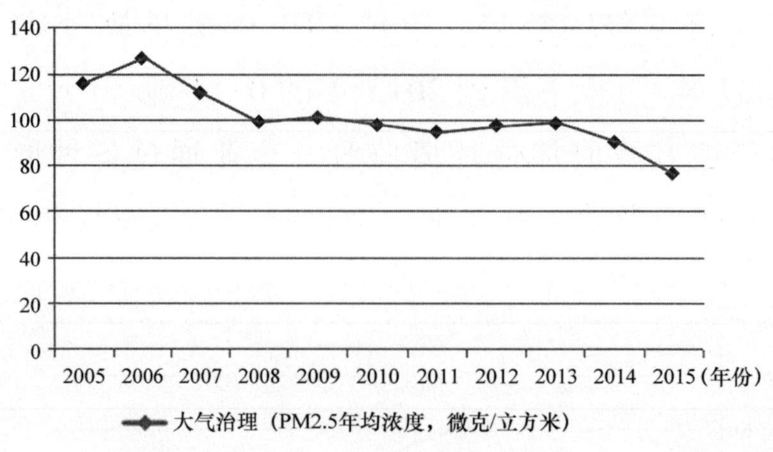

图 3 - 18　京津冀大气治理变化趋势

从图 3 - 19 资源利用指标看，京津冀单位工业增加值耗水量虽然在个别年份出现上升（2008 年），但总体呈下降趋势，这说明京津冀企业重视水资源综合节约利用，进而提高了水资源利用效率，单位工业增加值耗水量呈下降趋势。

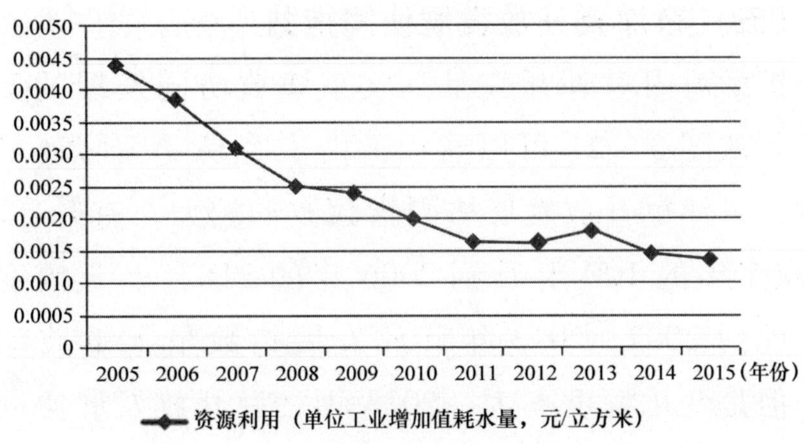

图 3－19　京津冀资源利用变化趋势

从图 3－20 生态建设指标看，人均城市绿地面积变化趋势一直是上升的，这说明三地政府高度重视城市环境的保护与建设，加大对城市环境的投资，使得

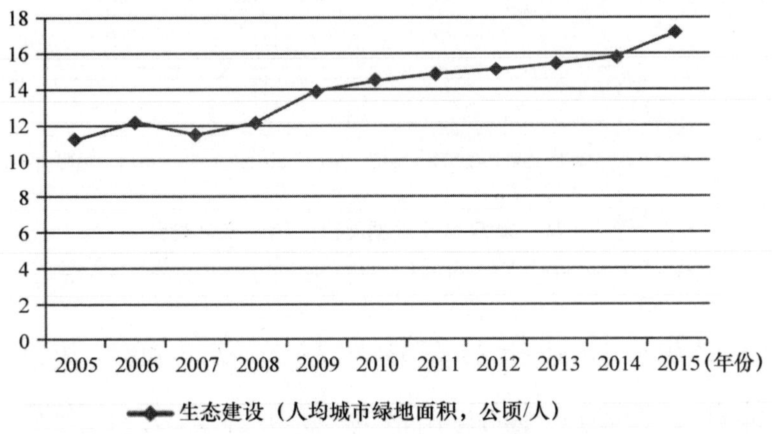

图 3－20　京津冀生态建设变化趋势

城市人均绿地面积逐年增加。

（五）京津冀开放发展协同指数

扩大对内对外开放是落实京津冀协同发展的重要任务。从图 3 - 21 可以看出，由于容易受国际环境的影响，京津冀开放发展协同指数波动较大，有升有降，从 2005 年的 100 上升到 2006 年的 216，上升幅度较大，此后 2007—2013 年开放发展指数呈上下波动趋势，但是变化幅度不大，2013 年之后开放发展协同指数又出现了小幅上升的趋势，这主要是交通一体化水平带来的结果。

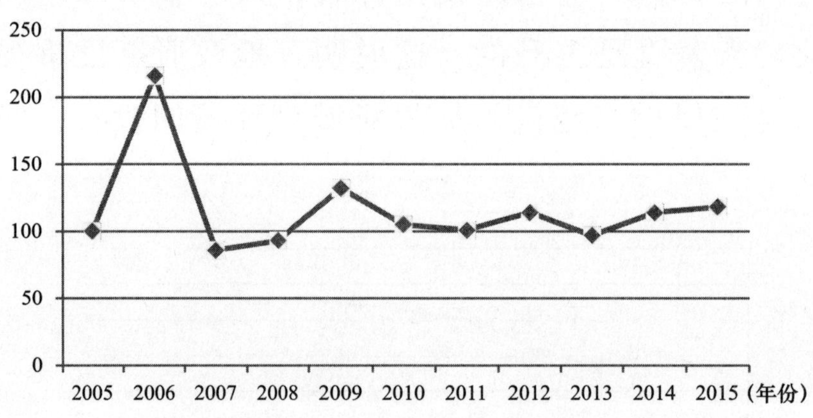

图 3 - 21　京津冀开放发展协同指数变化趋势

开放发展协同指数是由贸易开放、资本开放、交通一体化、市场一体化和区域贸易流这五个指标构建的。从图 3 - 22 贸易开放指标看，虽然在个别年份出现上升态势，但从2008年之后，这一指标的总趋势呈下降态势，这说明国际金融危机对京津冀的贸易开放产生较大的影响，受国外需求疲软、产业海外转移、生产要素成本不断上升的影响，京津冀贸易开放程度不断降低。

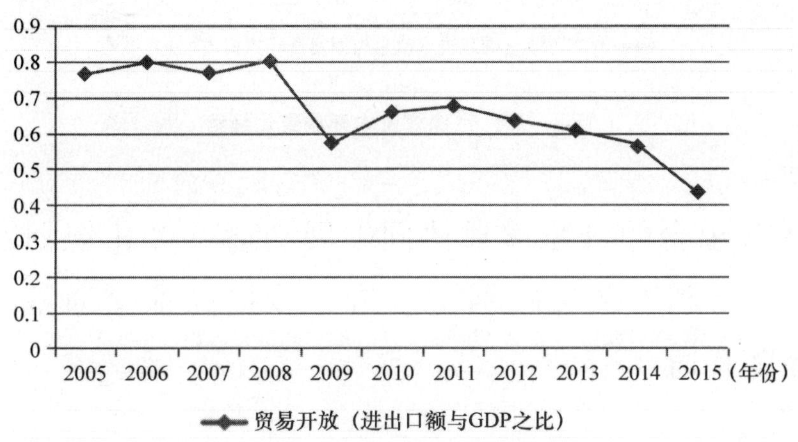

图3－22　京津冀贸易开放变化趋势

从图3－23资本开放指标看，这一指标在2012年之前呈下降的态势，2008—2009年受国际金融危机的冲击而出现较大幅度的下降，2013年以后有所回升，这主要是资本“走出去”增长较快，一大批企业积极对接“一带一路”战略，扩大了海外投资。

从图3－24交通一体化指标看，这一指标总体呈上升趋势，并且2012年之后，上升幅度较大，这说明京津冀路网密度提高较快，交通一体化程度越来越高。

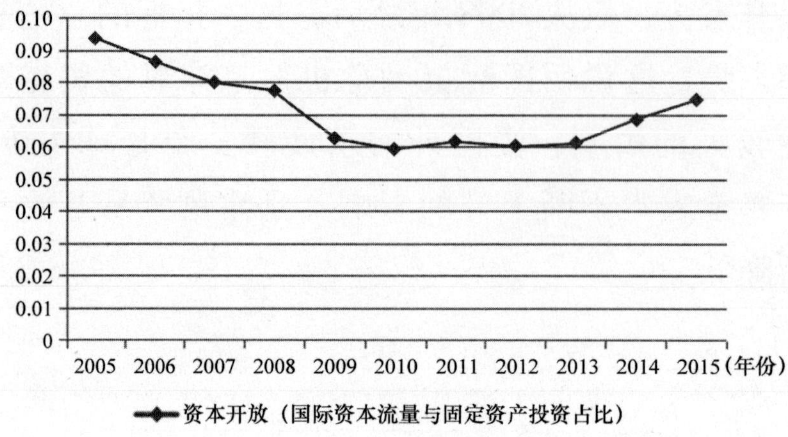

图3－23 京津冀资本开放变化趋势

2015年出台的《京津冀协同发展交通一体化规划》的实施，有利于区域路网密度进一步提高和交通基础设施互联互通。

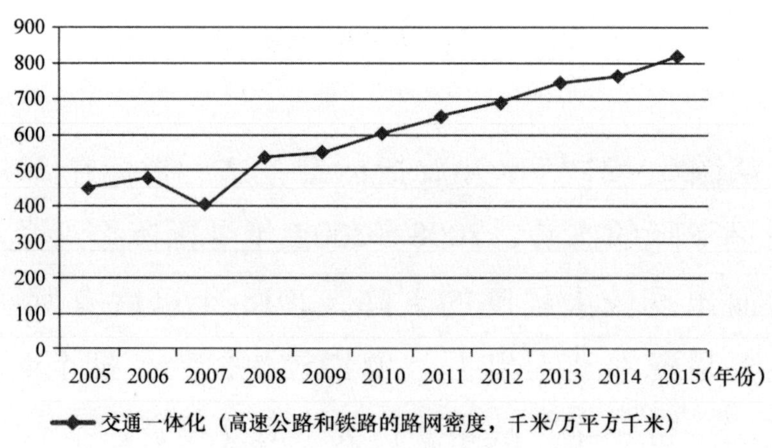

图3－24 京津冀交通一体化趋势

从图3－25市场一体化指标看，这一指标的波动趋势频率和幅度最大。波动越大证明市场一体化程度越低，波动越小证明市场一体化程度越高。2013 年以前京津冀市场一体化指标的波动较大，2013 年之后这一指标的波动范围开始收窄，指标值有所回落，这说明随着京津冀协同发展实施以来，京津冀三地的市场一体化程度越来越高，三地之间市场壁垒逐步下降，2013 年之前的市场一体化波动是引起开放发展指数出现较大波动的重要原因。

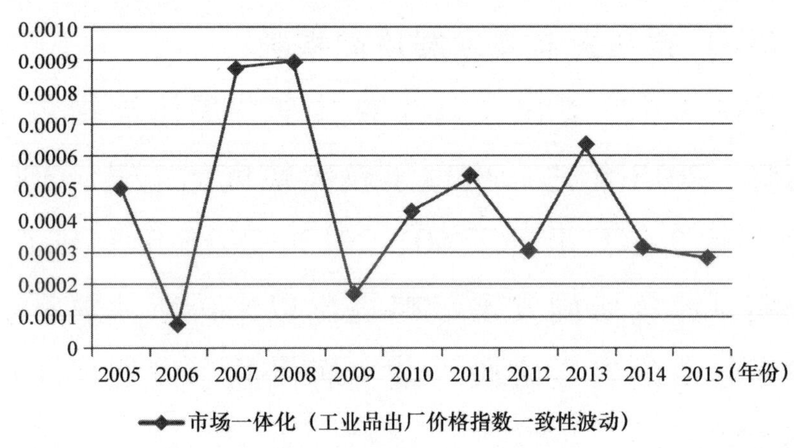

图 3－25　京津冀市场一体化变化趋势

从图 3－26 区域贸易流指标看，这一指标虽然有波动，但总体呈下降态势，尤其是 2010 年之后，下降趋势更加明显，这主要是因为近几年经济下行压力较大，产能过剩严重，一些企业和工厂被迫关闭，区域之间的货运量增长缓慢。

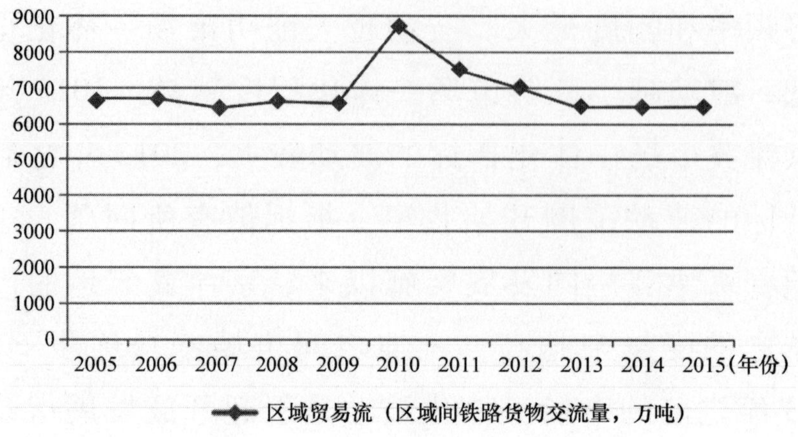

图 3－26　京津冀区域贸易流变化趋势

（六）京津冀共享发展协同指数

从图 3－27 看出，京津冀共享发展协同指数呈上升态势，2013 年之后出现了较大幅度的上升，2005—2013 年这 9 年只上升了 60，2013—2015 年上升了 70，这说明京津冀协同发展战略提出以来，京津冀社会事业进入较快的发展阶段，城乡居民共享发展成果的获得感增强。

共享发展协同指数是由收入差距、公共服务差距、教育公平、精准扶贫和就业机会这五个指标构建的。从图 3－28 收入差距指标看，这一指标呈现下降趋势，这说明京津冀三地之间居民的收入差距不断缩小，随着京津冀协同发展的实施和北京非首都功能的疏解，北京的产业开始集中向河北和天津转移，特别是给河北城乡居民提供了更多的就业机会，这有望进一步缩

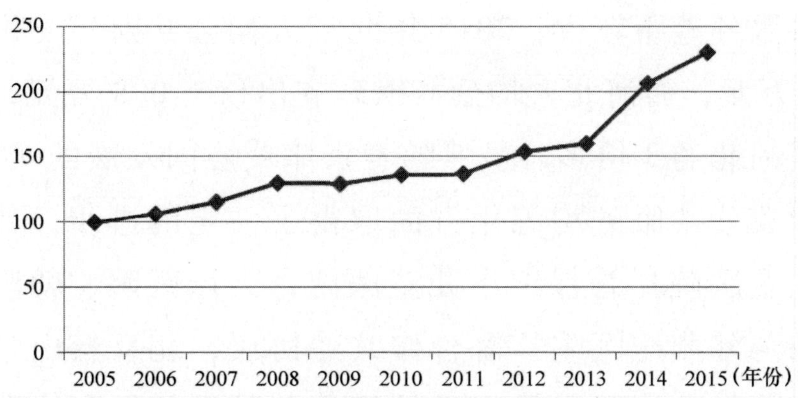

图 3－27　京津冀共享发展协同指数变化趋势

小京津冀居民的收入差距。

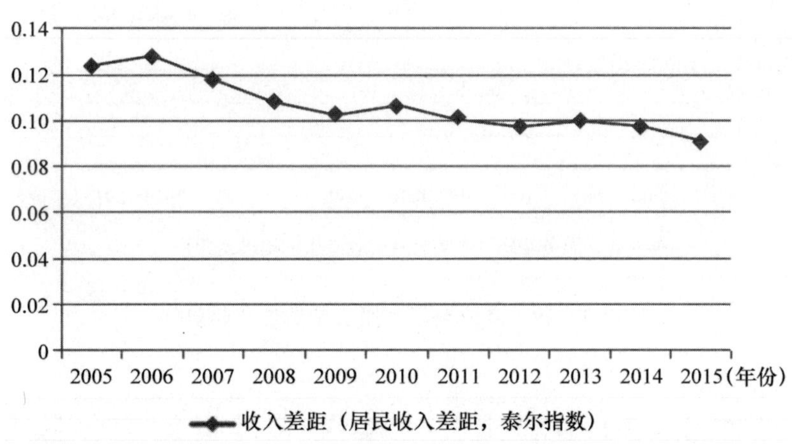

图 3－28　京津冀居民收入差距变化趋势

从图 3－29 公共服务的差距指标看，这一指标在 2012 年之前呈现下降态势，这说明这一时期京津冀公共服务差距不断缩小，但 2013 年之后这一指标出现上升，这说明三地之间尤其是河北与北京、天津之间的公共服务差距较大，2015 年北京人均公共财政支出是 2.6 万元，而河北人均公共财政支出仅有 0.8 万元，北京是河北的 3 倍多。虽然随着京津冀协同发展的实施，京津冀公共服务均等化方面取得了一定的进步，如北京儿童医院托管保定市儿童医院，天坛医院、朝阳医院与燕郊燕达医院签署合作共建协议，北京景山学校与曹妃甸共建北京景山学校唐山分校等，但京津冀还需要作出更多的努力来缩小区域公共服务的差距。

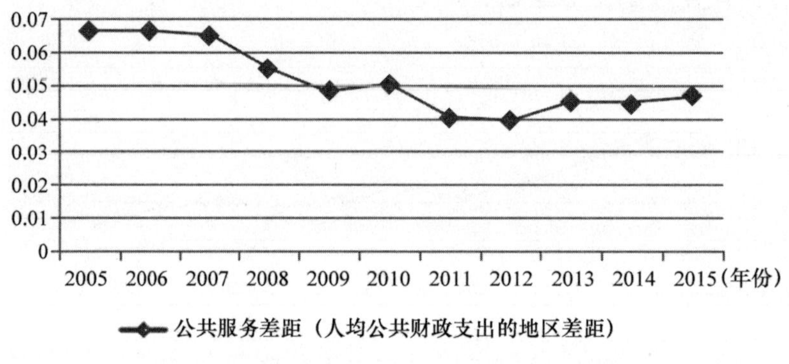

图 3－29 京津冀公共服务差距变化趋势

从图 3－30 中看出，京津冀本科录取率差距呈现下降的趋势，这说明京津冀三地教育公平程度越来越高。京津冀三地的教育水平都稳步上升，河北与北京、天津的差距不断缩小，本科录取率有较大幅度的上升，这是国家深入推进教育体制改革和不断促进省（市、区）教育均衡发展的结果。

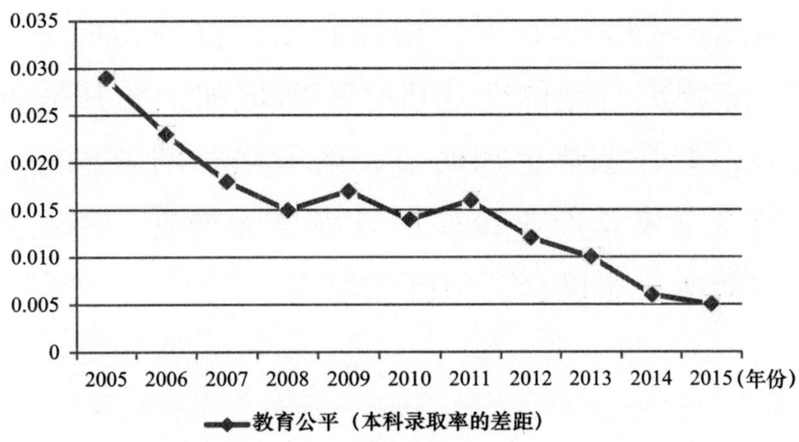

图 3-30 京津冀教育公平变化趋势

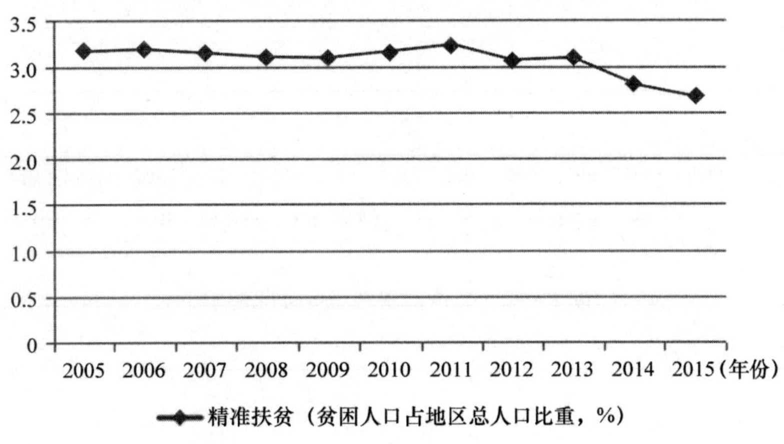

图 3-31 京津冀精准扶贫变化趋势

从图 3-31 精准扶贫指标看出，这一指标呈现下降趋势，三地的贫困人口不断减少，京津冀的贫困发生率从 2010 年的 8.4% 下降到 2015 年的 2.2%，并且贫困人口占比从 2005 年 3.2% 下降到 2015 年的 2.7%。

从图3－32就业机会指标看出，这一指标呈上升态势，京津冀三地的就业机会不断增加，尤其是2013年之后，上升态势更加明显，就业增长的效果好于预期。随着京津冀产业转移与升级全面推进，产业发展带来的新增就业机会有望继续增多。

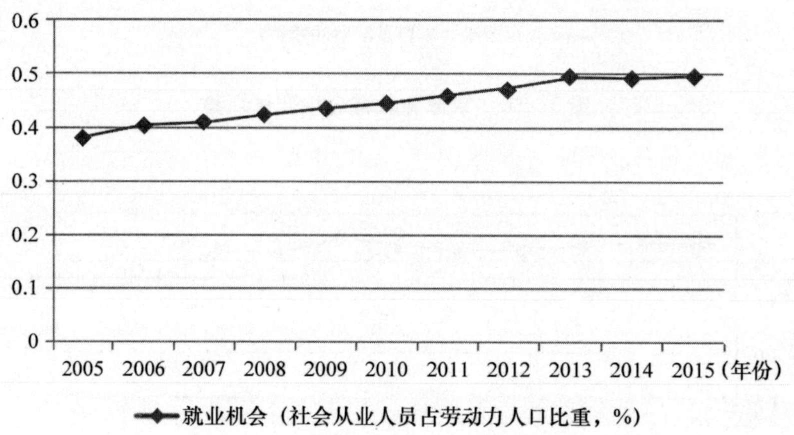

图3－32 京津冀就业机会变化趋势

四　京津冀三地地区发展指数的比较分析

京津冀协同发展上升为国家战略已两年有余，中央和京津冀三地积极落实《京津冀协同发展规划纲要》，相关规划和政策也进入了实施阶段，并取得了较好的效果，上述分析中发现，京津冀协同发展指数呈上升的态势，这说明京津冀协同发展的实施达到了预期的阶段效果，那么，京津冀协同发展对三地各自的影响怎么样？三地各自的综合发展水平如何？还存在哪些问题？下面将从省域层面的综合指数分析三地的发展状况，主要是比较三地综合发展指数及二级指数的变动趋势。

（一）京津冀综合发展指数比较

图4－1是京津冀三地综合发展指数趋势，从中可以看出，京津冀三地综合发展指数都呈上升趋势，并

且上升态势显著。北京市综合发展指数最高，天津市次之，河北省最低，北京市指数值是河北省的两倍。从综合发展指数的变化趋势来看，2013 年以后三地的上升态势比较明显，尤其是天津市和河北省的上升态势最为显著，三地综合发展指数的差距正呈现缩小的态势，这种积极变化离不开三年来京津冀协同发展战略带来的“利好”。

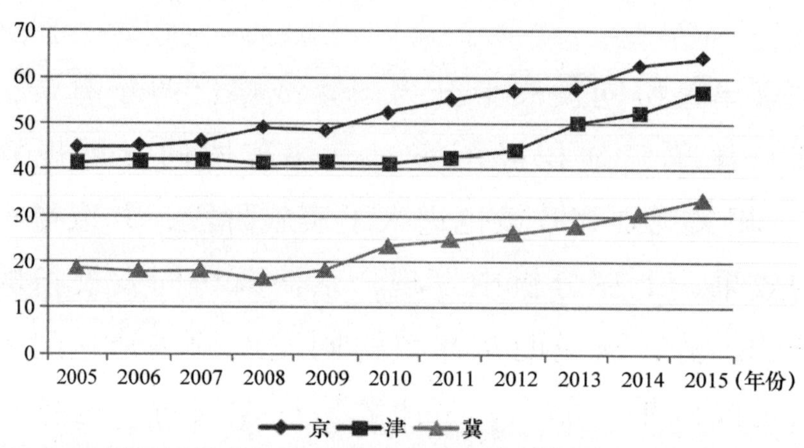

图 4 －1　京津冀三地综合发展指数趋势

（二）京津冀创新发展指数比较

从图 4 －2 中可以看出，京津冀三地创新发展指数虽然有个别年份出现下降，但三地的总体趋势是上升的，北京创新发展指数最高，其次是天津，河北最低，北京创新发展指数从 2005 年的 61 上升到 2015 年的 71，上升幅度为 10，虽然在 2009 年、2013 年出现了较大幅度的下降，但是总体趋势呈上升态势。天津创新发展指数从2005年的52上升到2015年的59，上升幅度为7，在2008年、2014年出现了较大幅度的下降，但总体趋势是上升态势。河北创新发展指数从2005年的13上升到2015年的36，上升幅度为23，除个别年份出现了小幅度的下降外，上升的总体态势非常明显。从横向来比较，河北创新发展指数上升态势最明显，天津上升幅度最小，三地创新发展指数的差距正不断缩小。

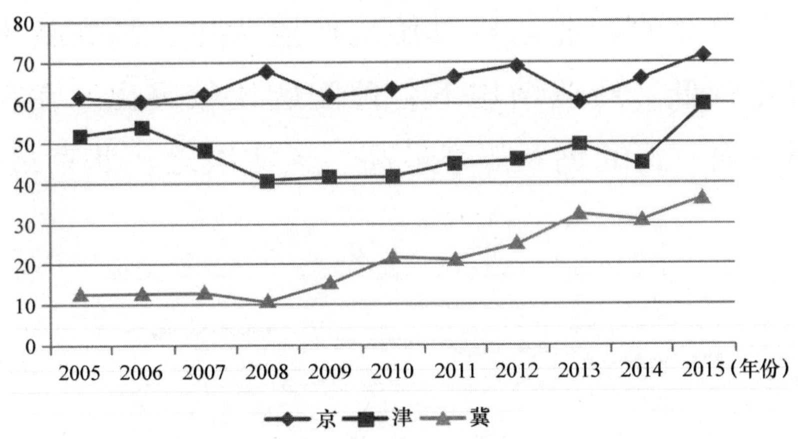

图4-2　京津冀创新发展指数趋势

那么是什么原因引起京津冀三地创新发展指数存在如此大的差距？以2015年为例，京津冀创新发展指数分别为71、59、36，河北与北京、天津的差距较大。下面将从构成创新发展指数的五大指标来分析这一原因。

从图4－3至图4－7可以看出，京津冀三地创新发展指数的差距主要是由创新投入、创新协作和结构优化这三个指标引起的，2015年京津冀研发支出占GDP的比重分别为6.0%、3.0%、1.1%，北京是天津的2倍，几乎是河北的6倍。在创新协作方面，北京的区县协作能力最强，河北的区县协作能力较差。在结构优化方面，京津冀高新技术产业占工业总产值的比重分别为25.0%、15.0%、3.5%，河北与北京、天津的差距较大，这说明北京和天津产业结构不断优化，而河北的产业结构以传统产业为主，高新技术产业占比较低，产业结构不合理问题比较突出。在创新效率方面，河北创新效率最高，天津次之，北京最低，

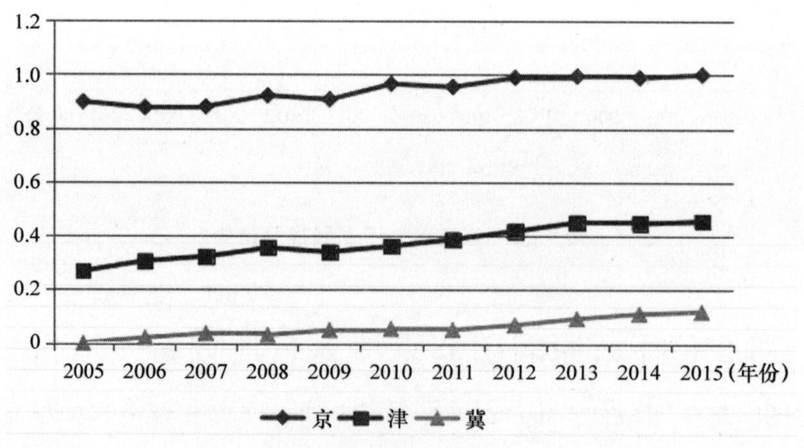

图4－3 京津冀创新投入趋势

创新效率是拉动河北创新指数上升的重要原因，河北创新效率具有后发赶超的优势。在大众创业方面，天津大众创业率最高，河北次之，北京最低，政策因素是造成这一结果的主要因素，如非首都功能的疏解就造成了北京的大众创业率明显下降。

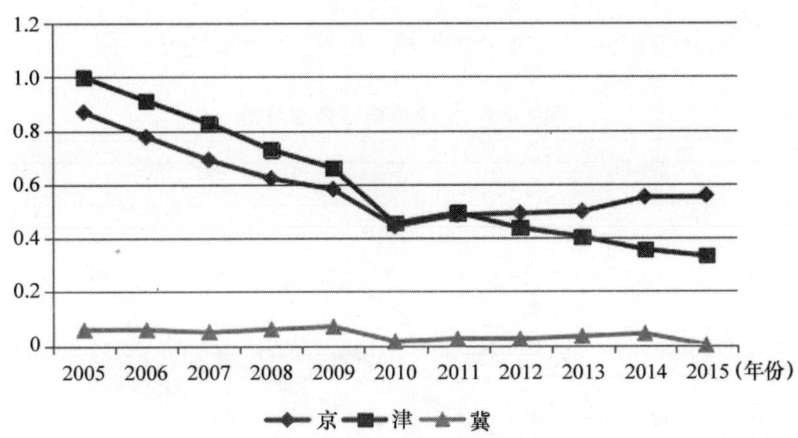

图 4-4 京津冀创新协作趋势

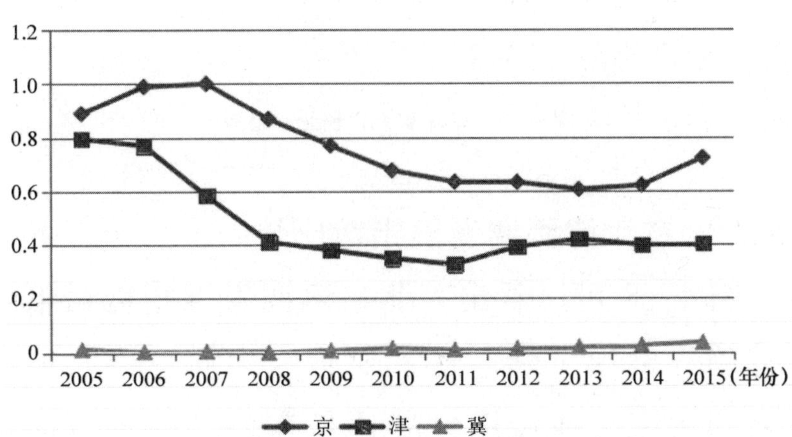

图 4-5 京津冀结构优化趋势

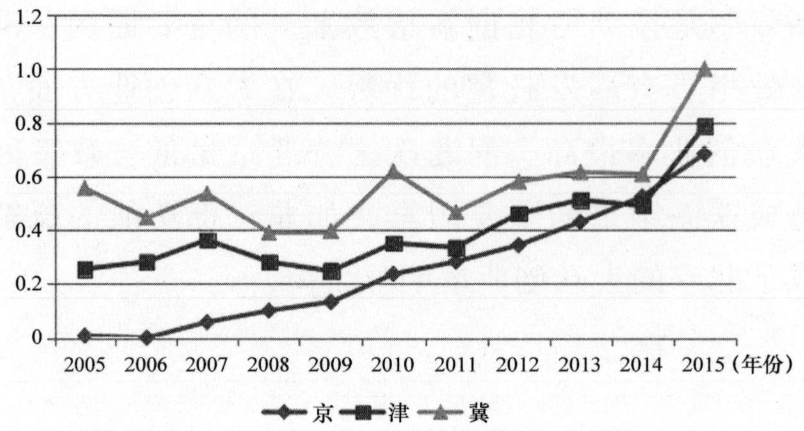

图 4－6 京津冀创新效率趋势

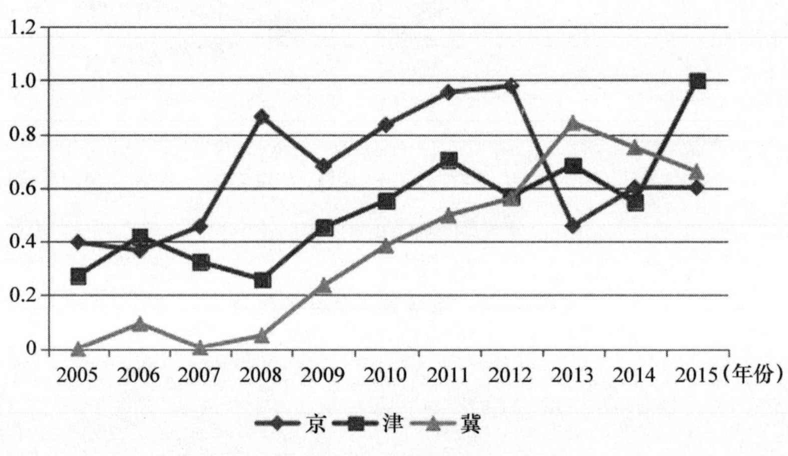

图 4－7 京津冀大众创业率趋势

(三) 京津冀协调发展指数比较

从图 4－8 可以看出，北京协调发展指数最低，并且总体趋势出现下降，这主要是因为北京中心城区与郊区之间无论是在经济发展还是在公共服务方面都存在较大的差距，如 2015 年北京市西城区的人均 GDP

为25万元，而大兴区的人均GDP只有3.2万元。河北协调发展指数和天津协调发展指数在个别年份出现了下降，但总体呈上升趋势，这说明河北与天津的区县之间经济和公共服务差距较小。河北协调发展指数较高的原因可能是其与北京、天津相比，中心城区的经济发展和公共服务水平都较低，因此与郊区县的差距较小。

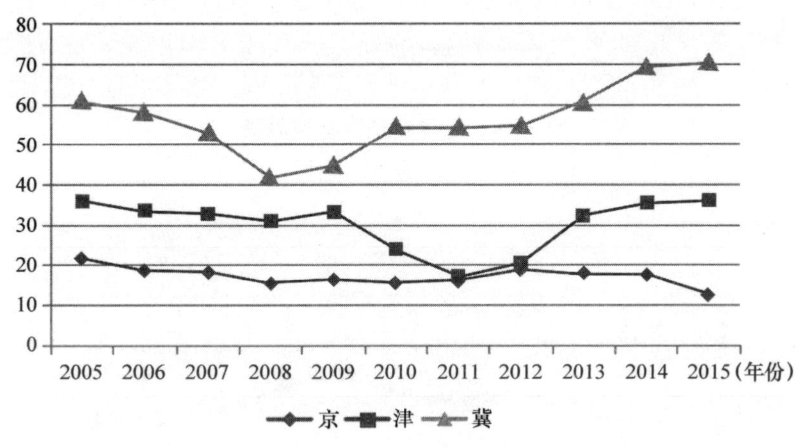

图4-8　京津冀协调发展指数趋势

根据图4-9、图4-10、图4-11可以看出，不论是地区差距、城乡差距还是公共服务差距，北京都呈现上升态势，这很大程度上是由北京城六区与郊区特别是远郊区的公共服务和居民收入差距较大造成的；相比之下，天津和河北这三个指标的都呈现下降态势，可见，北京存在经济社会发展协调性下降的突出问题。

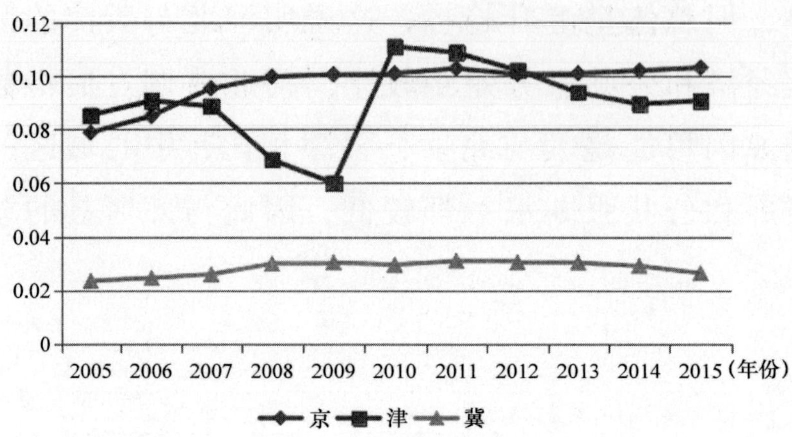

图4-9　京津冀地区差距趋势

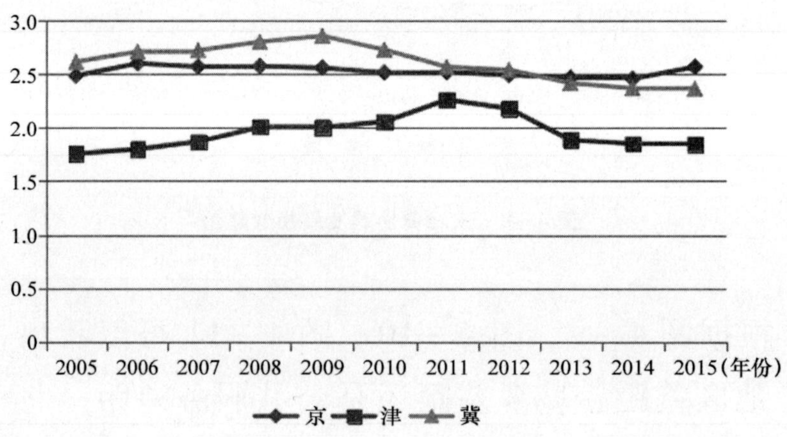

图4-10　京津冀城乡差距趋势

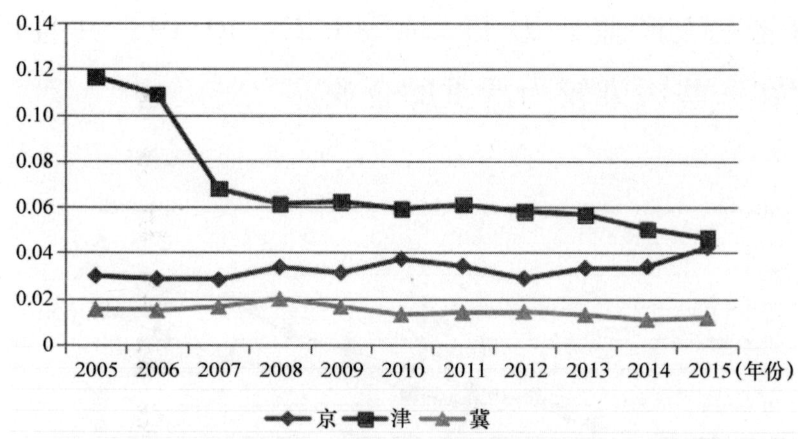

图 4－11　京津冀公共服务差距趋势

(四) 京津冀绿色发展指数比较

从图 4－12 可以看出，京津冀三地绿色发展指数总体趋势呈上升态势，尤其是 2013 年以后上升态势比较明显。这说明生态环境保护作为京津冀协同发展率先突破的领域已经取得了实质性突破，大气污染联防联治已开展了常态化的行动，低效落后产能被淘汰，环保巡查督查常抓不懈，相关的规划或法规陆续出台，如《京津冀区域环境污染防治条例》《京津冀协同发展生态环境保护规划》等。通过三地绿色发展指数的比较发现，北京绿色发展指数最高，天津次之，河北最低，2005 年三地指数的差距较小，京津冀分别为 28、26、10；到 2015 年三地的差距扩大，北京绿色发展指数是最高的，比河北高了 56，这与当地产业结构密切相关，2015 年北京三大产业比为 0.6∶1.6∶79.8，而河北三大产业比为 11.54∶48.27∶40.19，并且河北还存在一些污染较为严重的企业。

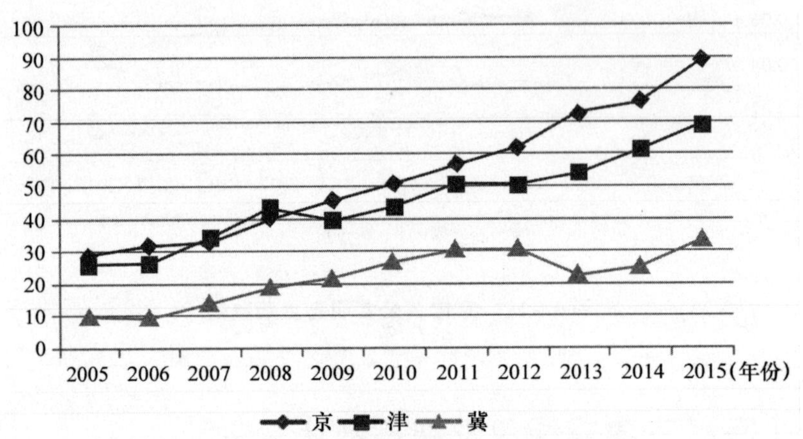

图 4－12 京津冀绿色发展指数趋势

从图 4－13 至图 4－17 可以看出，京津冀三地的能源消耗、碳排放、PM2.5 年平均浓度、单位工业增加值耗水量都出现了明显下降，生态建设呈稳中向好的态势。应该说，这些成绩的取得是与地方政府的重视分不开的。京津冀三地加大环境治理的财政投入和支持企业改造升级技术或工艺设备，能源消耗、碳排放、单位工业增加值耗水量都出现了明显的下降。三地 PM2.5 年平均浓度变化的总趋势是下降的，但下降幅度较小，尤其是河北省还出现了较大幅度的波动。近年来，京津冀区域环境污染防治形势非常严峻，雾霾天气频发，大气污染已成为影响区域可持续发展和居民生活质量的主要因素。

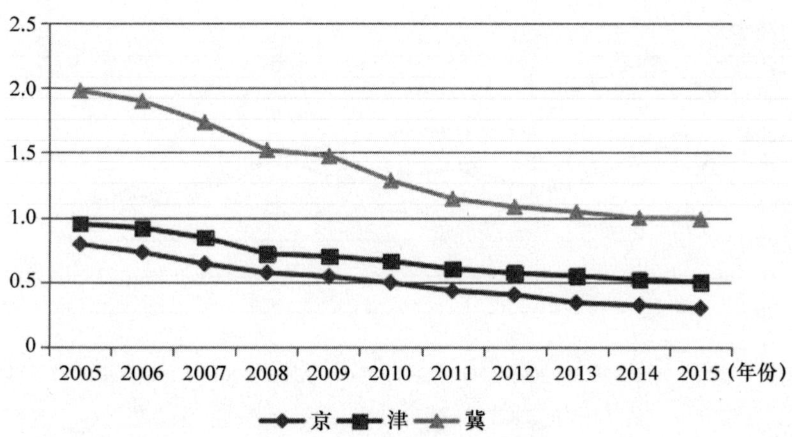

图 4－13　京津冀能源消耗趋势

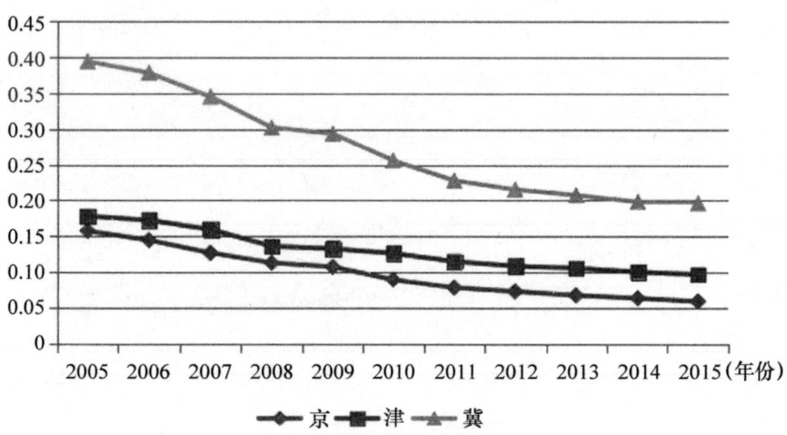

图 4－14　京津冀碳排放趋势

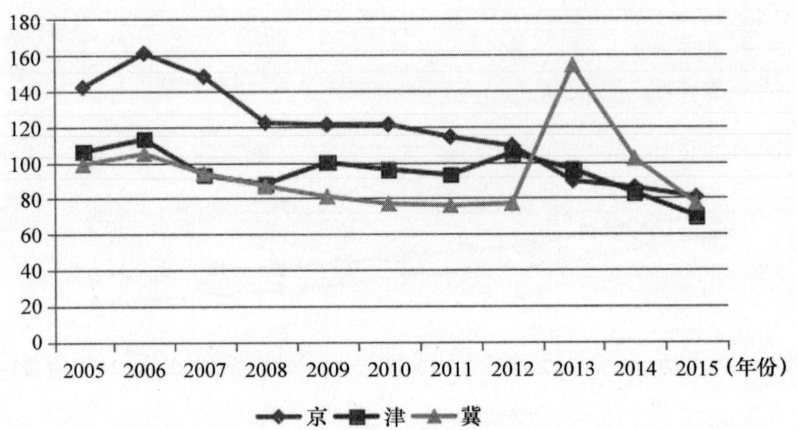

图4-15 京津冀PM2.5年平均浓度走势

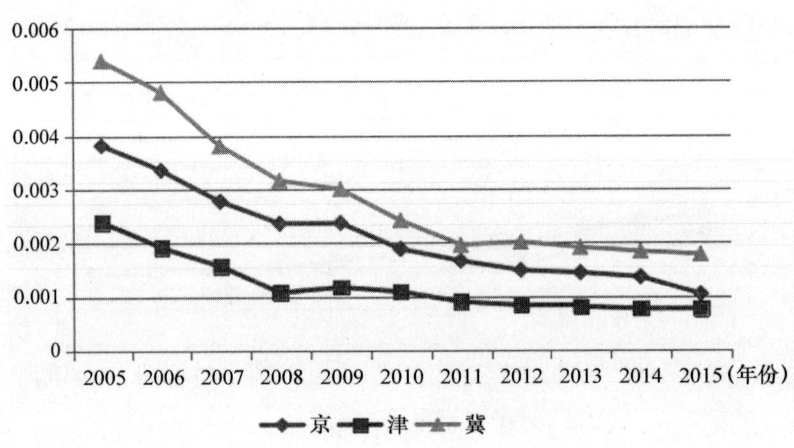

图4-16 京津冀资源利用趋势

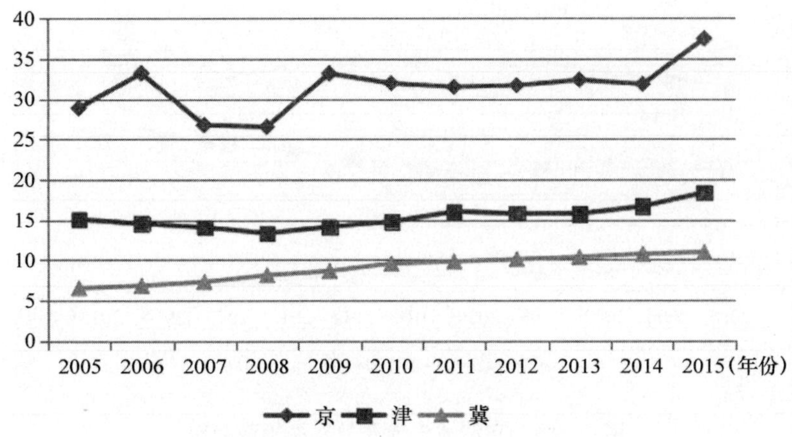

图 4－17　京津冀生态建设趋势

(五) 京津冀开放发展指数比较

从图 4－18 可以看出，北京和天津的开放发展指数总体呈平缓上升趋势，上升幅度较小，但个别年份也出现了下降的现象，而河北的开放发展指数呈现下降态势，与北京、天津相比，河北的开放发展指数较低。不可否认，京津冀开放水平的差距正出现扩大趋势，如，2005 年河北比北京低 57，到 2015 年这一差距上升到 72，2005 年河北比天津低 31，到 2015 年这一差距上升到了 45。

从图 4－19、图 4－20 和图 4－21 可以看出，京津冀境外投资这一指标上升态势明显，这说明随着“一带一路”倡议的提出，京津冀优势产能“走出去”步伐加快，特别是一些央企和有实力的民企大力推进国际产能合作，于是表现为京津冀三地海外投资的规模

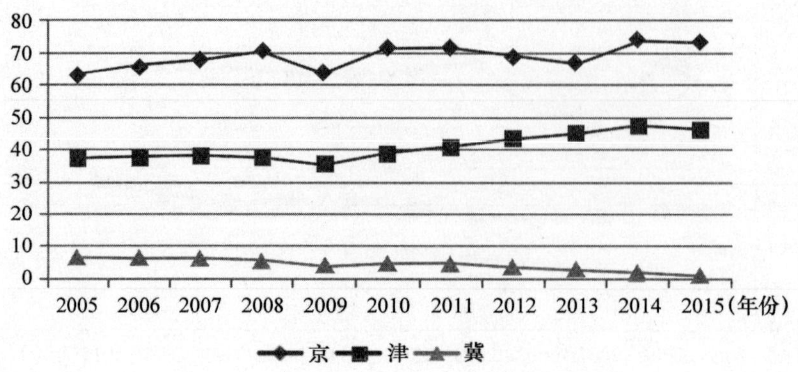

图 4－18 京津冀三地开放发展指数趋势

较快扩大。从京津冀三地要素流动趋势看，北京、天津两地属于人口净流入，而河北属于人口净流出，并主要流入北京、天津两地务工经商，统计显示，2015年北京25%的常住外来人口来自河北。此外，京津冀三地的贸易开放都出现了下降趋势，主要是国外市场

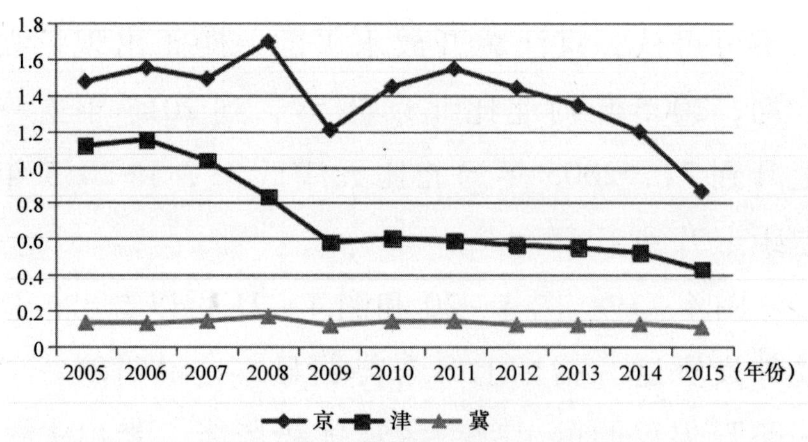

图 4－19 京津冀贸易开放趋势

需求疲软、国际贸易保护主义抬头、国内要素成本持续上涨、产业对外转移等因素共同导致了贸易开放格局发生了明显的变化。

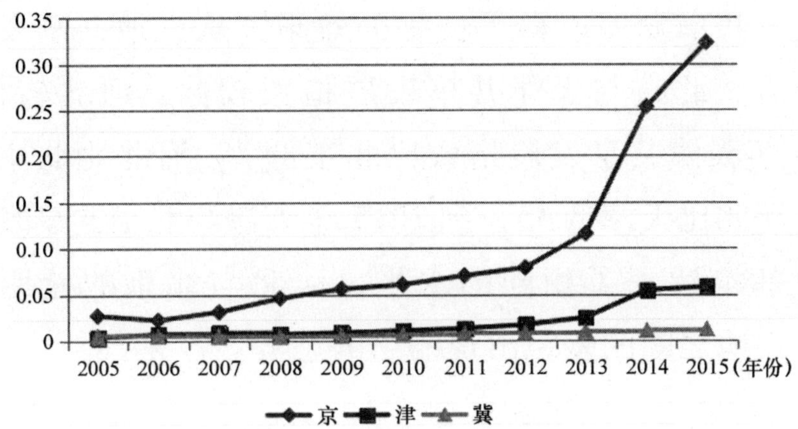

图 4－20　京津冀境外投资趋势

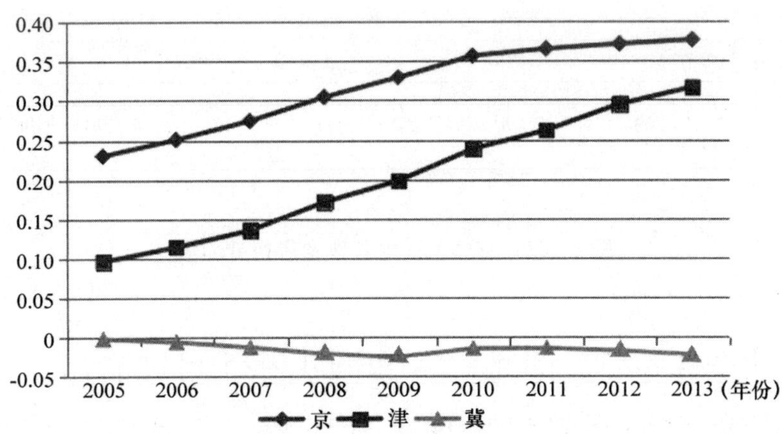

图 4－21　京津冀人口流动趋势

（六）京津冀共享发展指数比较

从图4－22看，京津冀三地共享发展指数都呈现上升态势，这说明三地为实现共享发展作出了很大的努力，共享发展取得了良好的效果。从三地共享发展指数看，北京与天津共享发展指数较高，河北较低，2005年天津共享发展指数比北京低7，河北比北京低52，河北比天津低45，到2015年天津与北京共享发展指数基本达到了相同的水平，河北与北京的差距为50，三地之间的差距出现缩小的态势。

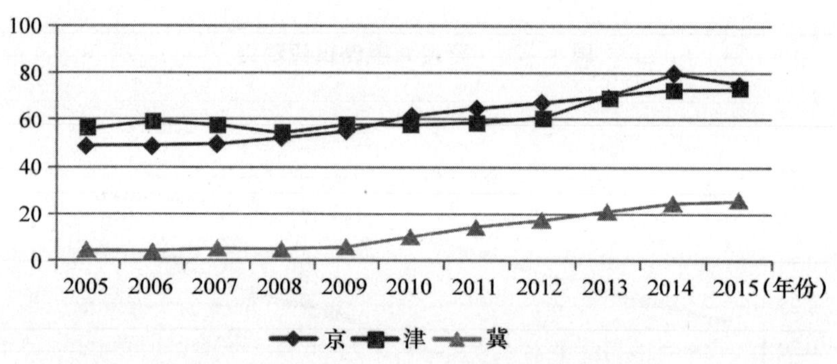

图4－22 京津冀三地共享发展指数趋势

从图4－23、图4－24和图4－25可以看出，京津冀三地教育公平趋势呈现上升态势，三地教育公平水平越来越高，这主要是各级政府加大基本公共服务投入带来的结果。此外，随着《京津冀协同发展规划纲要》的实施，京、津有一些学校开始到河北设立分院或分校，这种辐射效应有利于促进优质教育资源地区均衡发展，进一步缩小京津冀教育的地区差异。京津冀三地的贫困发生率下降趋势也较明显，京津冀地区贫困发生率从 2010 年的 8.4% 下降到 2015 年的 2.2% 。从收入差距这一指标看，天津与河北的收入差

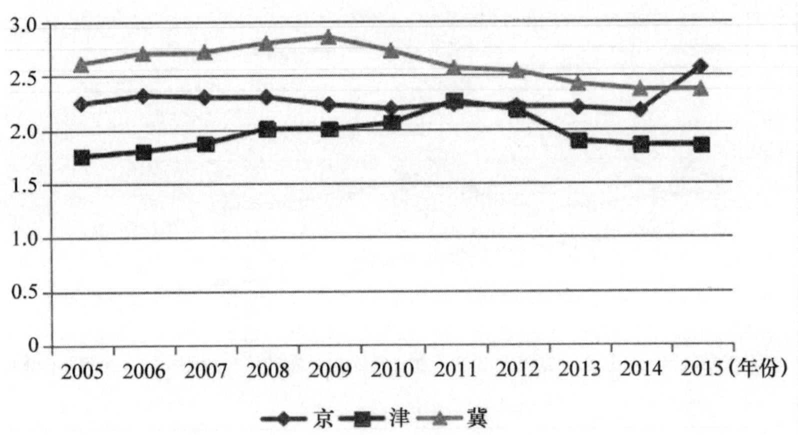

图 4－23　京津冀收入差距趋势

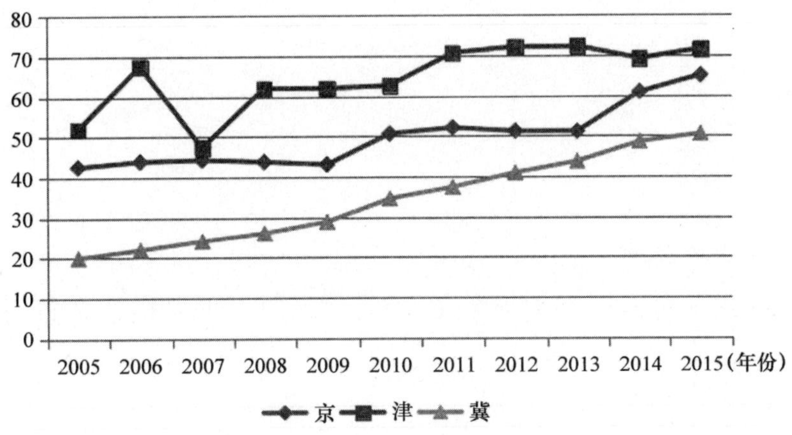

图 4－24　京津冀教育公平趋势

距不断缩小，北京收入差距总体呈现缩小态势，但最近几年出现了反弹，主要是北京城六区与远郊区城镇居民收入差距过大造成的，如2015年朝阳区的城镇居民收入是51231元，而延庆仅为36548元，前者是后者的1.4倍。

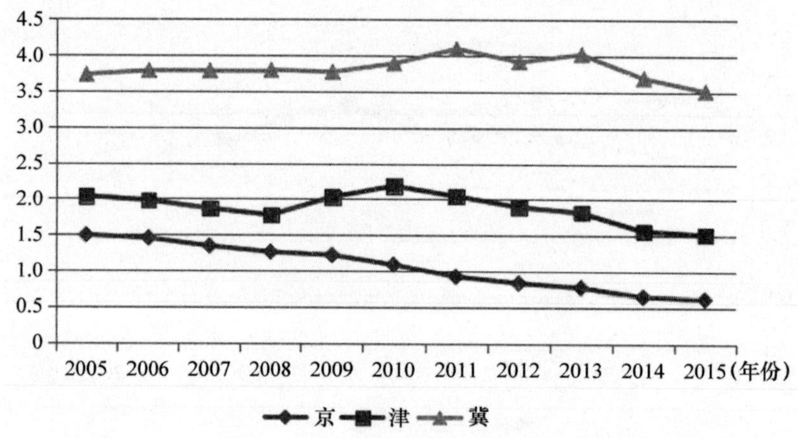

图4－25　京津冀减贫脱贫趋势

五　京津冀协同发展的问卷调查

上文通过构建指数的方法分析京津冀协同发展的阶段成效，而这些成效是否获得民意的支持却需要通过问卷调查来回答。为了开展这项工作，2016年11月20日至12月10日，中国社会科学院工业经济研究所依托“中国社会科学院京津冀协同发展智库”成立了课题组，与北京市社会科学院、首都经贸大学、天津社会科学院、天津财经大学、河北省社会科学院、河北经贸大学等单位共同组织“京津冀协同发展战略的实施进展与阶段成效”问卷调查。现将问卷调查结果和主要发现报告如下：

（一）调查样本的基本情况

为了深入了解社会各界对京津冀协同发展阶段效果的评价和看法，这一次“京津冀协同发展战略的实施进展与阶段成效”调查分别针对京津冀三地的官员及学者、企业高管和普通居民三大类受访群体设计了九套不同的问卷（详见附录），每个受访者根据自己所掌握的信息进行答题，不要求每道题都回答。问卷题目是根据《京津冀协同发展规划纲要》（以下简称《规划纲要》）的基本内容和主要目标进行设计，按照单项选择题形式设置选项。问卷发放量是根据京津冀三地人口分布统筹安排，共计发放问卷1200份，回收问卷1109份。从回收问卷的地区分布看，北京市回收问卷281份，占25.34%；天津市回收问卷271份，占24.44%；河北省回收问卷557份，占50.23%。从受访者的身份看，官员及学者回答问卷334份，占30.12%；企业高管回答问卷184份，占16.59%；普通居民回答问卷591份，占53.29%。

（二）京津冀协同发展的阶段效果

京津冀协同发展取得明显的阶段效果。问卷调查结果显示，京津冀协同发展阶段成效获得多数受访者的认可。如图5－1所示，在1103位京津冀三地受访者中，15.78%和43.16%的受访者分别认为《规划纲要》出台以来，京津冀协同发展成效显著、有所成效；而认为京津冀协同发展成效一般、成效尚未显现和没有成效的受访者占比分别为29.28%、10.88%、0.90%。换言之，接近六成的京津冀地区受访者为京津冀协同发展的成效“点赞”。

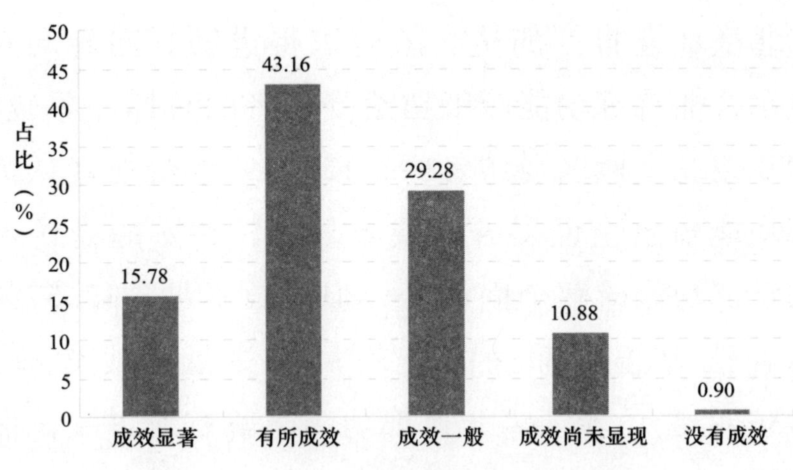

图 5－1 京津冀协同发展成效的问卷调查结果

（三）非首都功能疏解的进展与成效

非首都功能疏解是京津冀协同发展的主要任务之一，对优化城市功能、有效缓解“大城市病”问题和促进京津冀产业转移协作都具有重要的现实意义。据统计，2014—2016 年北京市根据非首都功能疏解的要求累计退出（含关停、转移）的一般制造业企业 1341 家；调整疏解商品交易市场 340 家，疏解商户 6.1 万户，涉及从业人员 21.6 万人；疏解物流中心 51 个，涉及从业人员 1.8 万人。其中，2016 年完成调整疏解商品交易市场 117 家，涉及建筑面积 160 万平方米，疏解商户达 2.8 万户。另外，2016 年，北京市企业到津、冀投资认缴额分别为 899 亿元、1140 亿元，分别增长 26%、100%。[①] 上述数据反映的情况与如下调查问卷结果基本吻合。

北京推进非首都功能疏解取得进展。问卷调查结果显示，非首都功能疏解留给受访者的总体印象较好。在 280 位北京地区受访者中，12.14% 的受访者认为非首都功能疏解全面展开，成效显著；20% 的受访者认为非首都功能疏解全面展开，但成效不足；33.57% 的受访者认为非首都功能疏解局部进展，成效显现；31.43% 的受访者认为非首都功能疏解有所进展，但力度不够；仅 2.86% 的受访者认为非首都功能疏解没有进展。可见，超过九成的受访者都认可非首都功能疏解已取得进展，其中 45.71% 的受访者更是肯定其成效。

受访者普遍认同北京市产业对外转移取得进展。课题组对一般制造业、商贸物流、金融服务（主要是金融后台）、健康养老、社会公共服务功能（医疗、教育、培训等）等行业对外转移的情况进行问卷调查（结果见表 5－1）。结果显示，一般制造业和商贸物流业对外转移最为明显，而金融服务（金融后台）、健康养老、社会公共服务功能等行业向外转移进展相对缓慢，其他行业进展介于中间。

① 2017 年 2 月 17 日北京市政府召开的“习近平总书记视察北京三周年来北京市新举措新变化新成果”新闻发布会。

表5-1　　北京市产业对外转移的情况

重点行业	受访人数	问卷调查结果（%）				
		明显进展	有所进展	略有进展	进展缓慢	没有进展
一般制造业	146	19.9	40.4	24.0	12.3	3.4
商贸物流	140	35.7	42.9	15.0	4.3	2.1
金融服务	141	6.4	32.6	23.4	27.7	9.9
健康养老	137	2.9	30.7	24.8	27.7	13.9
社会公共服务功能	149	4.7	32.2	28.2	22.1	12.8

绝大多数的受访者反映，《规划纲要》实施以来，北京交通拥堵状况没有明显改观。在281位北京地区受访者中，43%的受访者认为交通拥堵没有缓解，3.2%和2.8%的受访者分别认为略有恶化、明显恶化，9.4%和41.6%的受访者分别认为明显缓解、有所缓解。可见，超过九成的受访者不认同北京交通拥堵明显缓解。

受访者普遍反映，《规划纲要》实施以来，北京市中心城区人口疏解进展仍不明显。在280位北京地区受访者中，57%的受访者认为北京市中心城区人口变化不大，35%的受访者认为中心城区人口略有减少，2%的受访者认为中心城区人口明显减少，而5%和1%的受访者分别认为中心城区人口略有增长、增长较快。统计数据也表明，北京市常住人口增量和增速连续三年出现下降的趋势，由2014年的1.7%下降至2016年的0.1%，城六区人口出现了由升转降的转折性变化。

近七成的受访者认为，北京市城市副中心建设取得进展。在 107 位受访的北京地区官员及学者中，30.8%的受访者认为北京市城市副中心全面推进，力度很大，城市框架拉开，能如期完成；38.3%的受访者认为重点项目率先突破，有望如期完成，但城市配套、农民回迁等方面相对滞后；27.1%的受访者认为重点项目已经启动，但规划实施进度总体偏慢；2.8%的受访者认为重点项目已经启动，但规划实施进度几乎停滞；只有 0.9%的受访者认为重点项目尚未启动，但规划实施进度几乎停滞。实际工作进展也能反映这样的变化。到 2016 年年底，北京城市副中心行政办公区一期工程实现封顶，广渠路二期建成通车，中国人民大学附属中学、首都师范大学附属中学、北京理工大学附属中学、北京二中通州校区等优质中学开始招生，城市生态环境工程和环球主题公园全面开工。

（四）京津冀协同发展重点领域的进展与成效

1. 京津冀生态环境保护效果尚未显现

生态环境保护是京津冀协同发展优先突破的三个领域之一，而治理大气污染是这项工作的重中之重。最近几年，京津冀三地建立了大气污染联防联治机制，合力推动淘汰落后产能、大力压减燃煤、推广清洁能源、控制工业和扬尘污染等工作，完成京津风沙源治理二期等重大生态建设工程。这些努力对于改善地区生态环境起到了关键的作用，但雾霾天气多发、频发问题仍未得到根本遏制，引发广大民众的普遍忧虑。如下调查结果也反映出这个问题的严重性。

京津冀环境污染协同治理成效得到较多的“差评”。在 826 位京津冀三地受访者中，49.27%、13.92%、1.45%的受访者分别认为京津冀环境污染协同治理成效一般、没有成效、略有退步，只有 8.11%和 27.25%的受访者分别认为京津冀环境污染协同治理成效显著、成效较好。可见，超过六成的受访者不认可京津冀近年来环境污染协同治理的效果，这主要是重度污染天气发生次数太多、单次时间太长导致的。

近六成的受访者认为，京津冀空气质量改善不明显。在 1109 位京津冀三地受访者中，只有 11.18%的受访者认为京津冀空气质量比往年明显改善，30.03%的受访者认为京津冀空气质量只是季节性改善，36.79%的受访者认为京津冀空气质量没有改善，14.79%和 7.21%的受访者分别认为京津冀空气质量有所恶化、明显恶化。上述结果说明，接近六成的受访者对京津冀空气质量状况并不满意。雾霾天气不仅影响了公众的身心健康，也改变了民众行为和心理变化。如果大气污染情况迟迟得不到根本好转，公众心目中的政府公信力将会下降，社会安全稳定也会受到威胁。

超过六成的受访者认为，京津冀河湖水质没有明显好转。在1102位京津冀三地受访者中，52.72%的受访者认为本区（县）河湖水质没有变化；6.99%和1.45%的受访者分别认为当地河湖水质趋于恶化、明显恶化；8.44%和30.40%的受访者分别认为当地河湖水质出现明显好转、有所改善。现实也表明，京津冀基层政府对治水的重视程度仍然不够，个别地区“有水皆污”现象没有得到解决。

2. 京津冀交通一体化取得进步

互联互通的现代综合交通网络是京津冀一体化的基础条件。2014年以来，京津冀一体化开始提速，路网规划已经完成，京台高速、津保铁路等建成通车，一批高速公路“断头路”、国省道“瓶颈路”相继打通或扩容，北京第二机场开工建设，一批城际铁路和高铁线路开工建设，多条跨省公交线路开通运行，公交一卡通实现三地的七个城市互通，四趟地区互通环线旅客列车开通。这些积极的变化让京津冀地区广大民众备受鼓舞，调查结果亮出了交通一体化的漂亮“成绩单”。

京津冀协同发展改善了居民的交通出行环境。在

1102 位京津冀三地受访者中，64.82% 的受访者认为京津冀交通出行环境更便利，23.48% 的受访者认为交通出行环境略有改善，10.51% 的受访者认为交通出行环境没有明显变化，1.19% 的受访者认为交通出行环境更加恶化。可见，超过六成的受访者明显感受到京津冀协同发展给出行环境带来的积极变化。同时，可以预期，随着京津冀综合交通网络建设全面推进，居民对交通出行环境改善的满意度将随之明显提高。

京津冀交通一体化工程进展较快。一方面，京津冀各地互联互通工程和瓶颈路拓宽改造工程加快推进，获得社会各界普遍认可。在 1102 位京津冀三地受访者中，18.60% 的受访者认为这两大工程全面进展，进展较快；42.92% 的受访者认为这两大工程全面展开，有些地方进展比较缓慢；15.79% 的受访者认为这两大工程全面展开，进展缓慢；11.80% 的受访者认为这两大工程已局部展开，进展较快；10.89% 的受访者认为这两大工程局部展开，进展缓慢。从中看出，超过 75% 的受访者认为京津冀交通一体化的动作较大，两大交通一体化工程已全面展开。另一方面，轨道交通、高速公路网络、港口群协作等方面都有进展（见表 5-2）。在京津冀三地受访的官员及学者中，超过七成的受访者认为轨道交通和高速公路网建设已取得进展；超过半数的受访者认为港口群协调联动和机场分工协作出现积极变化。从这些结果看，港口群协调联动是交通一体化进展表现最差的方面，客观反映了京津冀地区港口重复建设和恶性竞争的事实。

表 5－2　　　　交通一体化进展的调查结果

	受访人数	问卷调查结果（%）				
		明显进展	有所进展	略有进展	进展缓慢	没有进展
轨道交通建设进展*	330	48.2	29.7	14.2	7.6	0.3
高速公路网络建设	330	43.3	36.1	15.2	5.4	0
港口群协调联动	328	12.8	39.6	29.9	14.3	3.4
机场分工协作	327	18.7	38.5	23.2	15.9	3.7

注：*轨道交通包括地铁、城际铁路、普速铁路和高铁。

3. 京津冀产业转移协作水平提高

产业转移协作是京津冀地区合作的共同利益所在，对北京非首都功能疏解、京津冀产业转型升级和北京建设全国科技创新中心都具有重要的意义。现实中，京津冀三地面临着产业落差大、产业关联度低，产业生态差异明显等问题，而破解这些难题的关键在于创新产业转移协作模式和产业对接协作机制。近些年，在北京非首都功能疏解的带动下，京津冀产业转移协作取得了显著的进展，据统计，2016 年北京企业到天津投资的到位资金共 1700 亿元，河北企业到天津投资的到位资金共 294 亿元，天津企业到河北投资的到位资金共400多亿元。①

京津冀产业转移协作具有机会多、落地难的特点。在512位京津冀三地受访者中，20.7%的受访者认为京津冀产业转移合作项目多，已取得实质性进展；53.3%的受访者认为产业转移合作项目多，但落地困难；21.7%的受访者认为产业转移合作项目不多，推进困难；4.3%的受访者认为产业转移合作项目少。可见，尽管超过七成的受访者认为京津冀协同发展带来产业转移的机会增多，但仍有超过半数的受访者认为产业转移合作项目存在落地难的问题。当然，落地难主要表现为产业园区基础设施不完善、项目用地指标没有着落、地方政府承诺没有兑现、地方政府招商引资相互竞争、关联产业不配套、引进人才和招聘工人困难等具体方面。

超过六成的受访者认可产业合作园区建设取得进展。在509位京津冀三地受访者中，20.8%的受访者认为合作园区取得实质性进展，已有一批重点合作项目建成投产或开工；43.4%的受访者认为合作园区启动建设，重点项目已签约或开工建设；28.3%的受访者认为合作园区进展缓慢，重点项目仍处于谈判签约阶段；7.5%的受访者认为合作园区建设基本停滞，重点项目仍处于招商引资阶段。应该说，以曹妃甸协同

① 《2016年天津市政府工作报告》。

发展示范区、首都新机场临空经济区、张承生态功能区、天津滨海—中关村科技园为核心，多个合作园区为支撑的“4 + N”产业合作格局开始形成，北京现代沧州工厂、北京·沧州渤海生物医药园、张北云计算基地等非典型产业园区已建成投产，但目前仍有一大批项目还处于洽谈阶段。

京津冀产业转移协作呈现明显的行业差异。产业配套、园区条件、要素禀赋、交通区位、优惠政策、地方政府行为等因素都将影响产业转移去向、规模和进度。如表 5 – 3 所示，装备制造、商贸物流、电商物流等行业转移协作较为明显，具有规模化的特征。以电商物流为例，天津武清区已成为京津冀区域性的电商物流基地，全国电商排名前 20 位的企业有 17 家落户武清区。电子信息、汽车制造、化工石化、钢铁等行业出现转移协作机会增多的趋势，具有基地化的特征。以电子信息为例，河北省正定高新区与中关村科技园共同建设集成电路封装测试产业基地，承接国内外集成电路封装测试的生产制造环节。而金融后台、体育休闲、教育培训、健康养老、文化创意等行业转移协作的机会相对较少，具有零星的分散化特征。例如，毗邻北京的涞水、怀来、固安、涿州等县市都已在建或建成一批面向北京的健康养老基地，呈现串珠状的环形分布。

表 5 - 3　　京津冀重点行业的转移协作情况

重点行业	受访人数	问卷调查结果（%）				
		明显进展	有所进展	略有进展	进展缓慢	没有进展
电子信息	425	10.1	40.2	27.8	16.9	5.0
装备制造	418	13.4	40.7	28.9	15.1	1.9
汽车制造	400	17.8	34.0	24.8	18.8	4.6
化工石化	402	13.7	32.6	29.4	20.3	4.0
钢铁	391	23.0	33.5	19.7	17.9	5.9
金融后台	415	6.7	27.0	28.7	29.6	8.0
商贸物流	415	23.4	36.6	24.6	13.5	1.9
电商物流	399	15.1	36.8	29.1	15.5	3.5
文化创意	399	10.0	31.1	30.1	21.8	7.0
教育培训	401	8.0	29.4	27.4	27.2	8.0
健康养老	446	8.7	31.8	24.4	27.2	7.9
体育休闲	450	8.0	29.8	26.2	25.8	10.2

超过半数的受访者认为，央企支持京津冀协同发展的力度不够。关于央企到津、冀投资布局一批重点项目问题，338 位京津冀三地受访者中，18.6% 的受访者认为数量多、投资规模大；15.4% 的受访者认为数量多、投资规模小；25.7% 的受访者认为数量少、投资规模大；34.9% 的受访者认为数量少、投资规模小；5.3% 的受访者认为几乎没有。另外，关于驻津、冀的央企扩大当地产业项目投资问题，333 位受访者中，17.1% 的受访者认为数量多、投资规模大；18.9% 的受访者认为数量多、投资规模小；19.2% 的

受访者认为数量少、投资规模大；37.2%的受访者认为数量少、投资规模小；7.6%的受访者认为几乎没有。此外，关于央企到津、冀设立功能型总部问题，在328位的受访者中，5.2%的受访者认为央企一级企业数量较多；38.1%的受访者认为央企二级企业数量较多；19.8%的受访者认为央企三级企业数量较多；7.6%的受访者认为央企四级企业数量较多；29.3%的受访者认为几乎没有。上述结果表明，超过50%的受访者认为无论是地处北京的央企还是驻津、冀的央企在津、冀两地的投资项目数量偏少。

京津冀协同发展增加了企业交流的机会。在183位京津冀三地受访的企业高管中，21.3%的受访者认为现在京津冀三地企业交流比以往明显增多；60.1%的受访者认为现在交流机会比以往增多；15.8%的受访者认为交流机会与以往持平；只有2.8%的受访者认为交流机会比以往减少。无疑，京津冀企业交流有利于商业机会的共享和技术创新的交流，同时也有利于京津冀产业对接协作。

4. 北京市医疗教育资源对津、冀的辐射仍显不足

公共服务一体化是京津冀协同发展的“短板”，也是京津冀地区差距的主要表现。2014年以来，京津冀三地医疗、教育、社会保障等方面对接合作领域不断增多，合作形式多样。其中，在医疗合作方面，北京

与河北开展了北京—燕达、北京—曹妃甸、北京—张家口、北京—承德4个重点医疗合作项目，北京接受津冀两地进修医师700余人，京津冀医疗机构临床检验结果互认试点首批互认项目27项，纳入互认医疗机构132家。在教育合作方面，京津冀三地组建了4个高等教育联盟，景山学校曹妃甸分校、北京五中大厂分校等教育合作项目已开始招生。但由于这些医疗教育合作惠及的区域范围非常有限，津冀许多地区仍然难以共享到北京的优质医疗教育资源，如下问卷调查的结果也能反映出这个问题。

北京与天津、河北医疗机构协作关系有待深化。对于北京市医疗机构与天津、河北建立协作关系（对口帮扶、异地转诊、人才交流培养、诊室共建、专家异地坐诊）问题，在923位受访者中，15.3%的受访者认为京津冀医院合作紧密，领域较多，效果较好；40%的受访者认为合作紧密，但领域较少，效果较好；16.5%的受访者认为合作紧密，领域较多，效果一般；21.7%的受访者认为合作不紧密，领域较少；6.5%的受访者认为没有实质性合作。另一方面，在北京与天津、河北合作共建医院方面，超过60%的受访者认为合作共建的医院太少，难以分享北京优质医疗服务资源（见表5-4）。可见，扩大医疗机构合作领域是促进北京市优质医疗资源向津、冀辐射的突破口。

表 5－4　　京津冀医疗教育合作的情况

主要领域	受访人数	问卷调查结果（%）				
		数量多，水平高	数量多，水平一般	数量少，水平高	数量少，水平一般	几乎没有
医疗机构	930	16.3	22.8	20.4	30.1	10.4
高校	927	11.4	18.6	21.0	35.2	13.8
优质中小学校	924	9.8	17.0	20.9	31.4	20.9
职业院校	922	9.2	19.7	17.4	37.5	16.2
高校联盟	918	11.9	17.3	20.9	33.9	16.0

北京与天津、河北的教育合作仍有很大的空间。在各层次教育合作方面，超过六成的受访者认为，北京地区的高校、优质中小学校、职业院校与津、冀合作办学（设立分校区）的数量偏少。而且，有超过半数的受访者认为，即使有办学合作，但北京高校和职业院校到津、冀设立的分校（或分校区、实训基地）办学水平一般。事实表明，京津冀地区教育合作还处于起步阶段，基础教育合作形式仍以办分校为主导，高等教育主要以联盟形式开展合作，职业教育合作则以办分校和实训基地为主要形式。随着新一代信息技术的广泛应用，“互联网＋教育”可以为京津冀新一轮的教育合作插上腾飞的翅膀。

5. 京津冀协同创新和要素流动增强

三年来，京津冀三地大力推动创新链整合、创新平台共享和创新资源流动，促进了创新体系从各自为政向融合发展方向转变。一方面北京作为全国科技创新中心，对周边地区的辐射作用明显增强。据统计，2016年，北京输出到津冀的技术合同成交额分别为111.5亿元、154.7亿元，分别同比增长34.2%、38.7%，出现井喷式增长势头。另一方面，京津冀地区的人员、资金等要素流动无论是规模还是质量都发生了积极的变化，交通网络完善、产业转移、体制机制创新等因素带动了人口和资金要素流动，特别是资本流动从北京流向津冀两地的趋势非常明显。如下调查结果进一步证实了上述的判断。

京津冀协同创新取得实质性进展。在552位受访者中，28%的受访者认为京津冀创新协作明显加强，亮点很多，出现了一批合作平台、科研成果转化基地和创新联盟；20%的受访者认为明显加强，但亮点不多；29%的受访者认为有所加强，已出现一些合作平台或科研成果转化基地；20%的受访者认为京津冀创新协作有所加强，但实质性合作不多；只有3%的受访者认为没有明显加强。可见，京津冀协同发展战略对区域创新推动作用是非常明显的。值得一提的是，京津冀创新共同体建设亮点纷呈，正成为产业链和创新链高效衔接、创新要素集聚和共享的主要载体。京津冀大数据综合实验区、中关村海淀园秦皇岛分园、保定·中关村创新中心等创新平台开始发挥“筑巢引凤”的功能。据统计，截止到2016年年底，中关村企业已在津冀两地设立分公司2709家，子公司3140家。①

京津冀要素流动明显增强。一方面，京津冀协同发展为金融资本合作创造了更多的机会。在440位受访者中，18.4%的受访者认为北京地区流向津、冀的金融资本比过去明显增长；50%的受访者认为比过去略有增长；27.1%的受访者认为与过去基本持平；4.5%的受访者认为比过去略有减少。可见，津、冀吸引北京地区资本的增长态势将进一步推动京津冀各领域合作。另一方面，《规划纲要》实施以来，京津冀三地间人口流动更加频繁。在104位受访者中，13.5%的受访者认为三地间人口流动比过去明显增长；40.4%的受访者认为比过去略有增长；40.3%的受访者认为与过去基本持平；4.8%的受访者认为比过去略有减少；1.0%的受访者认为比过去明显减少。

6. 京津冀协同发展体制机制创新持续推进

体制机制障碍是长期以来影响京津冀地区一体化的主要问题之一，主要表现为行政壁垒高、资源配置的行政干预力量强等方面。破解这些问题的关键就是

① 2017年2月17日北京市政府召开的“习近平总书记视察北京三周年来北京市新举措新变化新成果”新闻发布会。

通过体制机制创新来改变原来的利益激励机制，激发地方政府推动区域协同发展的积极性。近三年来，在中央政府的支持和领导下，京津冀三地各级政府大力推进基础设施等重点领域的体制机制创新，初步取得效果，也获得民意的支持。

重点领域体制机制创新取得进展。对京津冀三地官员及学者的问卷调查结果表明，受访者对基础设施互联互通机制明显进展认可度最高，达到31.2%；而对公共服务一体化的体制创新明显进展认可度最低，仅为7.4%。表5－5结果表明，京津冀协同发展的体制机制创新推进力度仍然不够，亟须深入推动基础设施、生态环境保护、产业协作、科技创新协同、公共服务一体化等方面体制机制创新。

表5－5　京津冀协同发展的体制机制创新进展情况

重点领域	受访人数	问卷调查结果（%）				
		明显进展	有所进展	略有进展	进展缓慢	没有进展
基础设施互联互通机制	327	31.2	38.8	16.8	11.3	1.9
生态环境保护联动机制	329	18.8	42.6	21.3	14.3	3.0
产业协作机制	326	12.0	40.2	30.7	15.3	1.8

续表

重点领域	受访人数	问卷调查结果（%）				
		明显进展	有所进展	略有进展	进展缓慢	没有进展
科技创新协同机制	325	10.8	40.0	27.1	20.3	1.8
公共服务一体化	326	7.4	27.0	23.3	35.3	7.0

京津冀协同发展促进干部交流。在324位受访者中，23.1%的受访者认为《规划纲要》实施以来，干部交流机会比以往明显增多，52.2%的受访者认为干部交流机会比以往增多，21.6%的受访者认为干部交流机会与以往持平，3.1%的受访者认为干部交流比以往减少。众多的事实表明，京津冀三地干部交流机会增多有利于各地凝聚协同发展共识、扩大产业对接协作、增强协同工作联动。

六　对策建议

针对上述指数结果和问卷调查发现的突出问题，下一步应采取必要的措施加以应对，以推动京津冀地区实现更高水平的协同发展，使协同发展的成果惠及更多的民众。

（一）分类治理大气污染

积极采取调控治理、差别化治理、精准治理和网格化治理措施应对大气污染。针对汽车尾气等流动性污染源，宜采取调控治理，减少汽车尾气排放，研究调控小轿车规模。针对不同城市大气污染成因差异，宜采取差别化治理方式，对症下药，使治理更加高效。针对“小化工”“小冶炼”“小水泥”等散小污染源，宜采取精准治理方式，综合运用经济、法律、行政等手段，确保立竿见影，防止死灰复燃。针对城市片区污染排放，宜采取网格化治理方式，将治污责任落实到单位和负责人。此外，积极发挥新媒体传播作用，提前向公众发布重度污染天气的预警预报，引导公众绿色交通出行，最大限度减少人为污染源。

开展雾霾治理国家重大科技专项研究。在传统治理方式难以奏效的情形下，应该从国家战略高度出发，从国家财政拨出专门经费设立国家重大科技专项，资金主要用于重点城市雾霾成分解析、形成机理、雾霾治理以及相关配套政策的研究。同时，安排专项经费用于高校大气环境相关学科建设，鼓励一批具有成果积累和人才优势的实验室和研究中心加快建设“雾霾治理工程国家重点实验室”，积极从事雾霾相关领域科学研究，及时促进科研成果的应用转化。

（二）探索产业转移协作新模式

大力推进产业合作园区建设。以合作园区建设为主要抓手，大力探索园区共建共管、他建我管、我建我管等各种合作形式。支持中关村科技园等知名园区到周边地区设立分园或园中园，探索“中关村+”合作模式，利用其创新资源、产业实力和体制优势带动周边地区园区发展，对外推广复制中关村科技园先进管理经验。探索产业转移协作的市场化机制，鼓励组建京津冀三地政府和社会共同出资的园区专业开发企业，由其负责京津冀地区合作园区统一开发、统一招商、统一运营、统一服务，用市场的力量解决产业协作中的体制障碍。

完善产业转移协作利益共享机制。在京津冀协同发展领导小组办公室的协调框架下，京津冀三地省（市）级政府要与国家有关部委共同建立税收共享的省部工作机制，对各级地方政府已签订产业转移的企业税收收入分成协议进行规范，适当予以地方政府自主权，但须明确税收分成比例和期限的上限、下限。另外，在现行的体制下，为了避免因产业项目转移带来的 GDP 流失和激发各地共同招商引资的积极性，京津冀三地省（市）级政府要与国家有关部门共同制定产业转移的企业创造增加值分享统计办法，允许产业转移项目在不同合作地区之间按一定比例分享 GDP 的指标数。此外，为了吸引产业项目落地，产业承接地的地方政府可根据实际落地项目的投资规模采取以奖代补的形式直接补贴产业转出地的地方政府。

（三）推动区域公共服务深度合作

引导京津优质服务资源向河北辐射。以京津优质教育医疗资源为核心，构建以互联网为依托、以各级教育医疗机构为节点，以体制机制创新为突破口，形成大网络、大平台、大协作的资源共享、联动发展格局。同时，以疏解北京非首都功能为突破口，加快推动北京一批优质教育医疗资源向津、冀地区扩散，通过设立分支机构、功能基地、托管代管等方式切实带动提高周边地区公共服务水平。此外，进一步完善京津对口支援张（家口）承（德）地区发展的机制，把公共服务支援作为一项重要任务列入地区支援清单之中，加大对张承地区医疗人才和中小学师资的培养。

推动京津冀公共服务一体化。以体制机制创新为突破口，从医疗卫生、社会保障、就业创业、教育升学等关系百姓民生的重点领域入手，梳理出制约京津冀公共服务一体化的清单，制定具有针对性的深化体制改革方案。京津冀三地有关职能部门应建立常态化的工作对接，制作出推进改革的时间表和路线图，并大力贯彻落实方案。中央和京津冀三地政府要加大对太行山连片特困地区等地的财政转移支付，加大民生工程建设，提高人均公共服务财政支出水平，在脱贫攻坚和全面建设小康社会中发挥有力的保障作用。要妥善处理特大城市、大城市的中心城区与远郊区基本公共服务的差距，地方财政要加大对城市远郊区基本公共服务的投入力度，从水平和质量方面缩小两者之间的差距。

（四）引导中央企业参与京津冀协同发展

积极参与北京非首都功能疏解。中央企业总部多集中在北京，但生产制造环节在京津冀三地均有分布。为了更好地服务国家战略，中央企业应主动疏解生产制造功能，将其外迁至津、冀两地，建立专业的产业园区，带动津、冀产业结构调整升级。同时，在京中央企业机构体系庞杂，下属机构众多，下一步要根据企业自身的定位考虑将总部或二级及以下企业总部转移到京外，进而带动相关的服务配套和从业人员的疏解。此外，国家有关主管部门要尽快出台在京中央企业向外搬迁的整体方案，利用5—10年的时间将主要业务板块分布在京外的中央企业搬出北京，布局到区位更合理的城市。

发挥技术优势参与京津冀协同发展重点难题攻关。中央企业拥有数量众多的“国字号”科研院所，它们长期占据了国内行业技术和标准的制高点，技术积累雄厚，人才资源丰富。在京津冀协同发展中，中央企业可以发挥自身的行业技术优势、人才优势和资金优势，积极投入到京津冀环境污染治理之中，特别是在雾霾解析、生态治理技术信息共享、生态治理关键性技术研发等方面要发挥攻坚克难的作用。此外，中央企业在推动京津冀产业转移协作中也可发挥行业整合作用，特别是在钢铁、有色、装备制造、电子等行业领域可以为区域产业链、创新链和价值链的融合发展发挥特殊的作用。

（五）完善相关配套支持政策

适当扩大津冀两地新增建设用地指标。从服务产业转移协作出发，国家有关部门应更大幅度提高津、冀新增建设用地指标，坚持分类引导、精准供地、高效开发、调剂使用的原则，优先保证国家级或省级重点产业项目用地需求，坚决禁止向国家明令禁止的落后产能或过剩产能项目供应土地，不断提高建设用地的使用效率。同时，地方政府也要积极探索存量土地的优化利用，通过老旧工业用地再开发、城乡建设用地增减挂钩、低丘缓坡用地综合开发等途径增加建设用地规模。

加大对河北重点载体和平台的政策支持。比照中关村自主创新的政策，因地制宜给予河北省国家级高新技术开发区企业享受部分特殊政策的待遇。支持组建京津冀发展银行和产业发展基金，吸引民间资本共同参与，加大对京津冀生态治理、产业协作、基础设施建设等方面的支持。针对河北对外开放的“短板”，建议在河北沿海地区设立国家级开放先导区，加快推进国家级新区建设，改善对外开放的软硬环境，提高河北承接京津开放体制机制创新、建设开放平台和发展外向型产业的能力。

完善京津冀三地的政策对接机制。对于企业反映比较集中的政策领域，京津冀三地政府要在京津冀协同发展领导小组的统一协调下，与国家有关部委沟通，共同推动行业技术标准、行业生产监督管理、体制机制创新等重点领域率先实现一体化。对于京企进入津、冀投资可能遇到的政策支持标准不统一问题，京津冀三地政府有关职能部门要加强对接，妥善处理，做好企业工作，让它们不要片面追求高补贴政策。

（六）营造良好的舆论环境

发挥主流媒体的宣传阵地作用。积极利用主流媒体的传播渠道，鼓励新闻采编人员、政府部门新闻发言人等相关人员积极宣传报道和对外发布京津冀协同发展的进展和成效，及时纠正不准确的信息和对不实新闻报道进行辟谣，减少负面的社会影响。研究新媒体的新闻传播规律，支持各级宣传部门加大新媒体报道京津冀协同发展力度，让社会公众更加及时、有效、准确地接受资讯。宣传部门要加强对生态环境治理、公共服务一体化等群众反映比较集中的领域的宣传报道，适时向社会大众披露各级政府切实开展的工作，增强公众对自身关切领域的信心。

打造一批具有社会影响力的专业智库。根据中央关于新型智库的发展定位，从国家层面要依托高校、科研院所、学术团体等机构成立“京津冀协同发展智库”，利用智库特殊的优势，不定期地向社会发布智库研究成果，积极地向社会传播“正能量”。鼓励各级政府与京津冀协同发展专业智库开展课题研究合作，充分利用智库的研究优势和社会影响力，把课题研究与传播推广有机结合起来。在京津冀协同发展成效的评估方面，吸收智库参与，发挥其“第三方”评估的独立作用、权威作用和影响力，定期向政府有关部门提交有价值的评估报告，并向社会发布评估结论。

附录　京津冀协同发展战略的实施进展与阶段成效调查问卷

问卷编号：BJA ________

调查问卷 A

本问卷调查对象为北京地区官员和学者。

受访者个人信息

姓名：____________________

工作单位/职务职称：____________________

联系方式：____________________

1. 据您的观察，《京津冀协同发展规划纲要》（以下简称《规划纲要》）颁布以来，京津冀协同发展取得的效果是

A. 成效显著；B. 有所成效；C. 成效一般；D. 成效尚未显现；E. 没有成效

2. 您对北京市非首都功能疏解的总体印象是

A. 全面进展，成效显著；

B. 全面进展，成效不足；

C. 局部进展较快，成效显现；

D. 有所进展，力度不够；

E. 没有进展

3. 据您的观察，《规划纲要》颁布以来北京城市交通拥堵状况

A. 明显缓解；B. 有所缓解；C. 没有缓解；D. 略有恶化；E. 明显恶化

4. 据您的观察，《规划纲要》颁布以来北京市中心城区人口

A. 明显减少；B. 略有减少；C. 变化不大；D. 略有增长；E. 较快增长

5. 据您的观察，北京市以下产业或服务功能对外转移进展

（1）一般性制造业（含电子信息、汽车、装备制造、石化、食品等）

A. 明显进展；B. 有所进展；C. 略有进展；D. 进展缓慢；E. 没有进展

（2）商贸物流（含物流基地、批发市场、电商物流等）

A. 明显进展；B. 有所进展；C. 略有进展；D. 进展缓慢；E. 没有进展

(3) 金融服务(金融后台)

A. 明显进展; B. 有所进展; C. 略有进展; D. 进展缓慢; E. 没有进展

(4) 健康养老

A. 明显进展; B. 有所进展; C. 略有进展; D. 进展缓慢; E. 没有进展

(5) 公共服务(医院、高校、职业学校、培训机构)

A. 明显进展; B. 有所进展; C. 略有进展; D. 进展缓慢; E. 没有进展

6. 在您看来, 北京市城市副中心(通州区)建设进展

A. 全面推进, 力度很大, 城市框架拉开, 能如期完成;

B. 重点项目率先突破, 有望如期完成, 但城市配套、农民回迁等方面相对滞后;

C. 重点项目已启动, 但规划实施进度总体缓慢;

D. 重点项目已启动, 但规划实施进度几乎停滞;

E. 重点项目尚未启动, 但规划实施进度几乎停滞

7. 据您掌握的实际情况, 京津冀产业转移协作基本态势是

A. 合作项目多, 取得实质性进展;

B. 合作项目多, 但落地困难;

C. 合作项目不多，推进困难；

D. 合作项目少

8. 从您了解的情况，京津冀产业转移协作的重点行业领域进展

（1）电子信息产业转移协作进展

A. 明显进展；B. 有所进展；C. 略有进展；D. 进展缓慢；E. 没有进展

（2）装备制造产业转移协作进展

A. 明显进展；B. 有所进展；C. 略有进展；D. 进展缓慢；E. 没有进展

（3）汽车制造产业转移协作进展

A. 明显进展；B. 有所进展；C. 略有进展；D. 进展缓慢；E. 没有进展

（4）化工（含石化）产业转移协作进展

A. 明显进展；B. 有所进展；C. 略有进展；D. 进展缓慢；E. 没有进展

（5）钢铁产业转移协作进展

A. 明显进展；B. 有所进展；C. 略有进展；D. 进展缓慢；E. 没有进展

（6）金融后台产业转移协作进展

A. 明显进展；B. 有所进展；C. 略有进展；D. 进展缓慢；E. 没有进展

（7）商贸物流产业转移协作进展

A. 明显进展；B. 有所进展；C. 略有进展；D. 进展缓慢；E. 没有进展

（8）电商物流产业转移协作进展

A. 明显进展；B. 有所进展；C. 略有进展；D. 进展缓慢；E. 没有进展

（9）文化创意产业转移协作进展

A. 明显进展；B. 有所进展；C. 略有进展；D. 进展缓慢；E. 没有进展

（10）教育培训产业转移协作进展

A. 明显进展；B. 有所进展；C. 略有进展；D. 进展缓慢；E. 没有进展

（11）健康养老产业转移协作进展

A. 明显进展；B. 有所进展；C. 略有进展；D. 进展缓慢；E. 没有进展

（12）体育休闲产业转移协作进展

A. 明显进展；B. 有所进展；C. 略有进展；D. 进展缓慢；E. 没有进展

9. 据您对北京市的了解，京津冀合作共建园区建设

A. 取得实质性进展，已有一批重点合作项目建成投产或开工；

B. 启动建设，重点项目已签约或开工建设；

C. 进展缓慢，重点项目仍处于谈判签约阶段；

D. 基本停滞，重点项目仍处于招商引资阶段；

E. 重点合作园区尚未建设，重点项目仍处于招商引资阶段

10. 据您的观察，在央企服务京津冀协同发展战略方面

（1）央企到津、冀投资布局一批重点产业项目

A. 数量多，投资规模大；

B. 数量多，投资规模小；

C. 数量少，投资规模大；

D. 数量少，投资规模小；

E. 几乎没有

（2）驻津、冀的央企扩大当地产业项目投资

A. 数量多，投资规模大；

B. 数量多，投资规模小；

C. 数量少，投资规模大；

D. 数量少，投资规模小；

E. 几乎没有

（3）央企到津、冀设立功能型总部

A. 央企一级企业数量较多；

B. 央企二级企业数量较多；

C. 央企三级企业数量较多；

D. 央企四级企业数量较多；

E. 几乎没有

11. 据您的观察，京津冀交通一体化网络开工进展情况

（1）轨道交通（地铁、城际铁路、高铁、普速铁路）建设进展

A. 明显进展；B. 有所进展；C. 略有进展；D. 进展缓慢；E. 没有进展

（2）高速公路网络建设进展

A. 明显进展；B. 有所进展；C. 略有进展；D. 进展缓慢；E. 没有进展

（3）港口群协调联动进展

A. 明显进展；B. 有所进展；C. 略有进展；D. 进展缓慢；E. 没有进展

（4）航空枢纽分工协作进展

A. 明显进展；B. 有所进展；C. 略有进展；D. 进展缓慢；E. 没有进展

12. 据您的出行经验，从北京到京津冀区域内周边城市的交通出行环境是

A. 行程时间更短，出行更加便利；

B. 行程时间变化不大，出行更加便利；

C. 略有改善；

D. 没有明显改善；

E. 更加恶化

13. 据您的观察，京津冀各地交界的断头路互联

互通工程和瓶颈路拓宽改造工程进展

A. 全面展开，进展较快；

B. 全面展开，但有些地方进展缓慢；

C. 全面展开，进展缓慢；

D. 局部展开，进展较快；

E. 局部展开，进展缓慢

14. 据您的生活发现，北京今年的空气质量比往年

A. 明显改善；

B. 季节性改善；

C. 没有多大变化；

D. 有所恶化；

E. 明显恶化

15. 据您了解，京津冀实施区域环境污染联防联控

A. 成效显著；

B. 成效较好；

C. 成效一般；

D. 没有成效；

E. 略有退步

16. 《规划纲要》实施以来，您所在区（县）的河湖水环境

A. 水质明显转好；

B. 水质有所改善；

C. 水质变化不大；

D. 水质趋于恶化；

E. 水质明显恶化

17. 据您的观察，今年春季的沙尘暴发生次数

A. 比往年明显减少；

B. 比往年略有减少；

C. 与往年基本持平；

D. 比往年略有增加；

E. 比往年明显增多

18. 据您的观察，《规划纲要》实施以来京津冀创新协作

A. 明显加强，亮点很多，出现一批合作平台、科研成果转化基地和创新联盟；

B. 明显加强，亮点不多；

C. 有所加强，已出现一些合作平台或科研成果转化基地；

D. 有所加强，但实质性合作不多；

E. 没有明显加强

19. 根据您的切身感受，京津冀卫生医疗资源服务网络共建共享

（1）北京市医疗机构与津、冀合作建设医院

A. 数量多，水平高；B. 数量多，水平一般；

C. 数量少，水平高；D. 数量少，水平一般；

E. 几乎没有

（2）北京市医疗机构与津、冀建立医院协作关系（对口帮扶、异地转诊、人才交流培养、诊室共建、专家异地坐诊）

A. 合作紧密，领域较多，效果较好；

B. 合作紧密，但领域较少，效果较好；

B. 合作紧密，领域较多，效果一般；

D. 合作不紧密，领域较少；

E. 没有实质性合作

（3）医保异地报销结算

A. 京津冀区域内可结算；B. 同一省（市）内可结算；C. 同一地市内可结算；D. 不能异地结算

20. 据您的观察，京津冀教育合作成效

（1）北京市高校与津、冀合作建设校区或分校

A. 数量多，水平高；B. 数量多，水平一般；

C. 数量少，水平高；D. 数量少，水平一般；

E. 几乎没有

（2）北京市优质中小学与津、冀合作建设分校

A. 数量多，水平高；B. 数量多，水平一般；

C. 数量少，水平高；D. 数量少，水平一般；

E. 几乎没有

（3）北京市职业院校到津、冀设立分校、校区或实训基地

A. 数量多，水平高；B. 数量多，水平一般；

C. 数量少，水平高；D. 数量少，水平一般；

E. 几乎没有

（4）北京市高校与津、冀合作建立高校联盟

A. 数量多，水平高；B. 数量多，水平一般；

C. 数量少，水平高；D. 数量少，水平一般；

E. 几乎没有

21. 您认为，《规划纲要》实施以来，津、冀两地吸引北京地区金融资本的规模

A. 比过去明显增长；

B. 比过去略有增长；

C. 与过去基本持平；

D. 比过去略有减少；

E. 比过去明显减少

22. 您认为，《规划纲要》实施以来，京津冀三地之间人口流动规模

A. 比过去明显增长；

B. 比过去略有增长；

C. 与过去基本持平；

D. 比过去略有减少；

E. 比过去明显减少

23. 您认为，《规划纲要》实施以来，京津冀协同发展的体制机制创新进展

（1）基础设施互联互动机制（包括港口整合、高

速公路管理一体化、交通法规和标准对接等）

A. 明显进展；B. 有所进展；C. 略有进展；D. 进展缓慢；E. 没有进展

（2）生态环境保护联动机制（环保标准和执法对接、跨地区生态环境补偿等）

A. 明显进展；B. 有所进展；C. 略有进展；D. 进展缓慢；E. 没有进展

（3）产业协同机制（园区合作共建、产业转移的税收分享等）

A. 明显进展；B. 有所进展；C. 略有进展；D. 进展缓慢；E. 没有进展

（4）科技创新协同机制（科技资源平台开放共享、科技成果合作转化等）

A. 明显进展；B. 有所进展；C. 略有进展；D. 进展缓慢；E. 没有进展

（5）公共服务一体化（养老保险跨地区转移、异地就医医保结算、跨地购买养老服务、跨地高校学分互认和学生交流培养等）

A. 明显进展；B. 有所进展；C. 略有进展；D. 进展缓慢；E. 没有进展

24. 据您的观察，《规划纲要》实施以来，京津冀干部交流变化是：

A. 比以往明显增多；B. 比以往增多；C. 与以往

持平；D. 比以往减少；E. 比以往明显减少

25. 就您的工作领域来看，京津冀协同发展战略在实施过程中遇到的最大困难是什么？________________

____

____

问卷编号：BJB ________

调查问卷 B

本问卷调查对象为北京地区企业高管人员。

受访者个人信息

姓名：________

工作单位/职务职称：________

联系方式：________

1. 据您的观察，《京津冀协同发展规划纲要》（以下简称《规划纲要》）颁布以来，京津冀协同发展取得的效果是

A. 成效显著；B. 有所成效；C. 成效一般；D. 成效尚未显现；E. 没有成效

2. 您对北京市非首都功能疏解的总体印象是

A. 全面进展，成效显著；

B. 全面进展，成效不足；

C. 局部进展较快，成效显现；

D. 有所进展，力度不够；

E. 没有进展

3. 您所从事的行业是什么？________

4. 据您的观察，《规划纲要》颁布以来北京城市交通拥堵状况比以往

A. 明显缓解；B. 有所缓解；C. 没有缓解；D. 略有恶化；E. 明显恶化

5. 据您的观察，《规划纲要》颁布以来北京市中心城区人口

A. 明显减少；B. 略有减少；C. 变化不大；D. 略有增长；E. 较快增长

6. 据您的观察，北京市以下产业或服务功能对外转移进展（请选择您所从事行业的题目填写）

（1）一般性制造业（含电子信息、汽车、装备制造、石化、食品等）

A. 明显进展；B. 有所进展；C. 略有进展；D. 进展缓慢；E. 没有进展

（2）商贸物流（含物流基地、批发市场、电商物流等）

A. 明显进展；B. 有所进展；C. 略有进展；D. 进展缓慢；E. 没有进展

（3）金融服务（金融后台）

A. 明显进展；B. 有所进展；C. 略有进展；D. 进展缓慢；E. 没有进展

（4）健康养老

A. 明显进展；B. 有所进展；C. 略有进展；D. 进展缓慢；E. 没有进展

（5）公共服务（医院、高校、职业学校、培训机

构）

A. 明显进展；B. 有所进展；C. 略有进展；D. 进展缓慢；E. 没有进展

7. 据您掌握的实际情况，京津冀产业转移协作基本态势是

A. 合作项目多，取得实质性进展；

B. 合作项目多，但落地困难；

C. 合作项目不多，推进困难；

D. 合作项目少

8. 从您了解的情况，京津冀产业转移协作的重点行业领域进展（请选择您所从事行业的题目填写）

（1）电子信息产业转移协作进展

A. 明显进展；B. 有所进展；C. 略有进展；D. 进展缓慢；E. 没有进展

（2）装备制造产业转移协作进展

A. 明显进展；B. 有所进展；C. 略有进展；D. 进展缓慢；E. 没有进展

（3）汽车制造产业转移协作进展

A. 明显进展；B. 有所进展；C. 略有进展；D. 进展缓慢；E. 没有进展

（4）化工（含石化）产业转移协作进展

A. 明显进展；B. 有所进展；C. 略有进展；D. 进展缓慢；E. 没有进展

（5）钢铁产业转移协作进展

A. 明显进展；B. 有所进展；C. 略有进展；D. 进展缓慢；E. 没有进展

（6）金融后台产业转移协作进展

A. 明显进展；B. 有所进展；C. 略有进展；D. 进展缓慢；E. 没有进展

（7）商贸物流产业转移协作进展

A. 明显进展；B. 有所进展；C. 略有进展；D. 进展缓慢；E. 没有进展

（8）电商物流产业转移协作进展

A. 明显进展；B. 有所进展；C. 略有进展；D. 进展缓慢；E. 没有进展

（9）文化创意产业转移协作进展

A. 明显进展；B. 有所进展；C. 略有进展；D. 进展缓慢；E. 没有进展

（10）教育培训产业转移协作进展

A. 明显进展；B. 有所进展；C. 略有进展；D. 进展缓慢；E. 没有进展

（11）健康养老产业转移协作进展

A. 明显进展；B. 有所进展；C. 略有进展；D. 进展缓慢；E. 没有进展

（12）体育休闲产业转移协作进展

A. 明显进展；B. 有所进展；C. 略有进展；D. 进

展缓慢；E. 没有进展

9. 据您对北京市的了解，京津冀合作共建园区建设

A. 取得实质性进展，已有一批重点合作项目建成投产或开工；

B. 启动建设，重点项目已签约或开工建设；

C. 进展缓慢，重点项目仍处于谈判签约阶段；

D. 基本停滞，重点项目仍处于招商引资阶段；

E. 尚未建设，重点项目仍处于招商引资阶段

10. 据您的观察，在央企服务京津冀协同发展战略方面（仅限央企领导回答）

（1）央企到津、冀投资布局一批重点产业项目

A. 数量多，投资规模大；

B. 数量多，投资规模小；

C. 数量少，投资规模大；

D. 数量少，投资规模小；

E. 几乎没有

（2）驻津、冀央企扩大产业项目投资

A. 数量多，投资规模大；

B. 数量多，投资规模小；

C. 数量少，投资规模大；

D. 数量少，投资规模小；

E. 几乎没有

(3) 央企到津、冀设立功能型总部

A. 一级企业数量较多;

B. 二级企业数量较多;

C. 三级企业数量较多;

D. 四级企业数量较多;

E. 几乎没有

11. 据您的出行经验，从北京到京津冀区域内周边城市的交通出行环境是

A. 行程时间更短，出行更加便利;

B. 行程时间变化不大，出行更加便利;

C. 略有改善;

D. 没有明显改善;

E. 更加恶化

12. 据您的观察，京津冀各地交界的断头路互联互通工程和瓶颈路拓宽改造工程进展

A. 全面展开，进展较快;

B. 全面展开，但有些地方进展缓慢;

C. 全面展开，进展缓慢;

D. 局部展开，进展较快;

E. 局部展开，进展缓慢

13. 据您的生活发现，北京今年的空气质量比往年

A. 明显改善;

B. 季节性改善;

C. 没有多大变化;

D. 有所恶化;

E. 明显恶化

14.《规划纲要》实施以来,您所在区(县)的河湖水环境

A. 水质明显转好;

B. 水质有所改善;

C. 水质变化不大;

D. 水质趋于恶化;

E. 水质明显恶化

15. 据您的观察,今年春季的沙尘暴发生次数

A. 比往年明显减少;

B. 比往年略有减少;

C. 与往年基本持平;

D. 比往年略有增加;

E. 比往年明显增多

16. 据您的观察,《规划纲要》实施以来京津冀创新协作

A. 明显加强,亮点很多,出现一批合作平台、科研成果转化基地和创新联盟;

B. 明显加强,亮点不多;

C. 有所加强,已出现一些合作平台或科研成果转化基地;

D. 有所加强，但实质性合作不多；

E. 没有明显加强

17. 据您了解，《规划纲要》实施以来，津、冀两地吸引北京地区金融资本的规模

A. 比过去明显增长；

B. 比过去略有增长；

C. 与过去基本持平；

D. 比过去略有减少；

E. 比过去明显减少

18. 据您的观察，《规划纲要》实施以来，京津冀企业之间的交流变化是：

A. 比以往明显增多；B. 比以往增多；C. 与以往持平；D. 比以往减少；E. 比以往明显减少

19. 据您的观察，京津冀协同发展战略的实施过程中，您所从事行业面临的最大困难是什么？________

____

____

问卷编号：BJC ________

调查问卷 C

本问卷调查对象为北京地区普通居民。

受访者个人信息

姓名：____________

年龄/性别/职业：____________

联系方式：____________

1. 据您的观察，《京津冀协同发展规划纲要》（以下简称《规划纲要》）颁布以来，京津冀协同发展取得的效果是

A. 成效显著；B. 有所成效；C. 成效一般；D. 成效尚未显现；E. 没有成效

2. 您对北京市非首都功能疏解的总体印象是

A. 全面进展，成效显著；

B. 全面进展，成效不足；

C. 局部进展较快，成效显现；

D. 有所进展，力度不够；

E. 没有进展

3. 据您的观察，《规划纲要》颁布以来北京城市交通拥堵状况比以往

A. 明显缓解；B. 有所缓解；C. 没有缓解；D. 略

有恶化；E. 明显恶化

4. 据您的观察，《规划纲要》颁布以来北京市中心城区人口

A. 明显减少；B. 略有减少；C. 变化不大；D. 略有增长；E. 较快增长

5. 在您看来，北京市城市副中心（通州区）建设进展

A. 全面推进，力度很大，城市框架拉开，能如期完成；

B. 重点项目率先突破，有望如期完成，但城市配套、农民回迁等方面相对滞后；

C. 重点项目已启动，但规划实施进度总体缓慢；

D. 重点项目已启动，但规划实施进度几乎停滞；

E. 重点项目尚未启动，规划实施进度几乎停滞

6. 据您的出行经验，从北京到京津冀区域内周边城市的交通出行环境是

A. 行程时间更短，出行更加便利；

B. 行程时间变化不大，出行更加便利；

C. 略有改善；

D. 没有明显改善；

E. 更加恶化

7. 据您的观察，京津冀各地交界的断头路互联互通工程和瓶颈路拓宽改造工程进展

A. 全面展开，进展较快；

B. 全面展开，但有些地方进展缓慢；

C. 全面展开，进展缓慢；

D. 局部展开，进展较快；

E. 局部展开，进展缓慢

8. 据您的生活发现，北京今年的空气质量

A. 明显改善；B. 季节性改善；

C. 没有多大变化；D. 有所恶化；

E. 明显恶化

9. 《规划纲要》实施以来，您所在区（县）的河湖水环境

A. 水质明显转好；

B. 水质有所改善；

C. 水质变化不大；

D. 水质趋于恶化；

E. 水质明显恶化

10. 据您的观察，今年春季的沙尘暴发生次数

A. 比往年明显减少；

B. 比往年略有减少；

C. 与往年基本持平；

D. 比往年略有增加；

E. 比往年明显增多

问卷编号：TJA ________

调查问卷 D

本问卷调查对象为天津地区官员和学者。

受访者个人信息

姓名：____________

工作单位/职务职称：____________

联系方式：____________

1. 据您的观察，《京津冀协同发展规划纲要》（以下简称《规划纲要》）颁布以来，京津冀协同发展取得的效果是

A. 成效显著；B. 有所成效；C. 成效一般；D. 成效尚未显现；E. 没有成效

2. 据您的了解，天津承接北京产业转移所取得的成效如何？

A. 全面进展，成效显著；

B. 全面进展，成效不足；

C. 局部进展较快，成效显现；

D. 有所进展，力度不够；

E. 没有进展

3. 据您的观察，天津市向河北产业转移的情况是

A. 全面进展，成效显著；

B. 全面进展，成效不足；

C. 局部进展较快，成效显现；

D. 有所进展，力度不够；

E. 没有进展

4. 您认为，天津和河北之间是否存在招商引资的无序竞争？

A. 存在；B. 不存在；C. 不知道

5. 据您的观察，天津市承接北京市产业或服务功能的进展

（1）一般性制造业（含电子信息、汽车、装备制造、石化、食品等）

A. 明显进展；B. 有所进展；C. 略有进展；D. 进展缓慢；E. 没有进展

（2）商贸物流（含物流基地、批发市场、电商物流等）

A. 明显进展；B. 有所进展；C. 略有进展；D. 进展缓慢；E. 没有进展

（3）金融服务（金融后台）

A. 明显进展；B. 有所进展；C. 略有进展；D. 进展缓慢；E. 没有进展

（4）健康养老

A. 明显进展；B. 有所进展；C. 略有进展；D. 进展缓慢；E. 没有进展

（5）公共服务（医院、高校、职业学校、培训机构）

A. 明显进展；B. 有所进展；C. 略有进展；D. 进展缓慢；E. 没有进展

6. 据您的观察，天津市向河北转移产业或服务功能的进展

（1）一般性制造业（含电子信息、汽车、装备制造、石化、食品等）

A. 明显进展；B. 有所进展；C. 略有进展；D. 进展缓慢；E. 没有进展

（2）商贸物流（含物流基地、批发市场、电商物流等）

A. 明显进展；B. 有所进展；C. 略有进展；D. 进展缓慢；E. 没有进展

（3）金融服务（金融后台）

A. 明显进展；B. 有所进展；C. 略有进展；D. 进展缓慢；E. 没有进展

（4）健康养老

A. 明显进展；B. 有所进展；C. 略有进展；D. 进展缓慢；E. 没有进展

（5）公共服务（医院、高校、职业学校、培训机构）

A. 明显进展；B. 有所进展；C. 略有进展；D. 进

展缓慢；E. 没有进展

7. 据您掌握的实际情况，京津冀产业转移协作基本态势是

A. 合作项目多，取得实质性进展；

B. 合作项目多，但落地困难；

C. 合作项目不多，推进困难；

D. 合作项目少

8. 从您了解的情况，京津冀产业转移协作的重点行业领域进展

（1）电子信息产业转移协作进展

A. 明显进展；B. 有所进展；C. 略有进展；D. 进展缓慢；E. 没有进展

（2）装备制造产业转移协作进展

A. 明显进展；B. 有所进展；C. 略有进展；D. 进展缓慢；E. 没有进展

（3）汽车制造产业转移协作进展

A. 明显进展；B. 有所进展；C. 略有进展；D. 进展缓慢；E. 没有进展

（4）化工（含石化）产业转移协作进展

A. 明显进展；B. 有所进展；C. 略有进展；D. 进展缓慢；E. 没有进展

（5）钢铁产业转移协作进展

A. 明显进展；B. 有所进展；C. 略有进展；D. 进

展缓慢；E. 没有进展

（6）金融后台产业转移协作进展

A. 明显进展；B. 有所进展；C. 略有进展；D. 进展缓慢；E. 没有进展

（7）商贸物流产业转移协作进展

A. 明显进展；B. 有所进展；C. 略有进展；D. 进展缓慢；E. 没有进展

（8）电商物流产业转移协作进展

A. 明显进展；B. 有所进展；C. 略有进展；D. 进展缓慢；E. 没有进展

（9）文化创意产业转移协作进展

A. 明显进展；B. 有所进展；C. 略有进展；D. 进展缓慢；E. 没有进展

（10）教育培训产业转移协作进展

A. 明显进展；B. 有所进展；C. 略有进展；D. 进展缓慢；E. 没有进展

（11）健康养老产业转移协作进展

A. 明显进展；B. 有所进展；C. 略有进展；D. 进展缓慢；E. 没有进展

（12）体育休闲产业转移协作进展

A. 明显进展；B. 有所进展；C. 略有进展；D. 进展缓慢；E. 没有进展

9. 据您对本市的了解，在京津冀合作共建园区

建设

A. 取得实质性进展，已有一批重点合作项目建成投产或开工；

B. 启动建设，重点项目已签约或开工建设；

C. 进展缓慢，重点项目仍处于谈判签约阶段；

D. 基本停滞，重点项目仍处于招商引资阶段；

E. 尚未建设，重点项目仍处于招商引资阶段

10. 据您的观察，在央企服务京津冀协同发展战略方面

（1）央企到津投资布局一批重点产业项目

A. 数量多，投资规模大；

B. 数量多，投资规模小；

C. 数量少，投资规模大；

D. 数量少，投资规模小；

E. 几乎没有

（2）在津央企扩大当地产业项目投资

A. 数量多，投资规模大；

B. 数量多，投资规模小；

C. 数量少，投资规模大；

D. 数量少，投资规模小；

E. 几乎没有

（3）央企到津设立功能型总部

A. 央企一级企业数量较多；

B. 央企二级企业数量较多；

C. 央企三级企业数量较多；

D. 央企四级企业数量较多；

E. 几乎没有

11. 据您的观察，京津冀交通一体化网络开工进展情况

（1）轨道交通（地铁、城际铁路、高铁、普速铁路）建设进展

A. 明显进展；B. 有所进展；C. 略有进展；D. 进展缓慢；E. 没有进展

（2）高速公路网络建设进展

A. 明显进展；B. 有所进展；C. 略有进展；D. 进展缓慢；E. 没有进展

（3）港口群协调联动进展

A. 明显进展；B. 有所进展；C. 略有进展；D. 进展缓慢；E. 没有进展

（4）航空枢纽分工协作进展

A. 明显进展；B. 有所进展；C. 略有进展；D. 进展缓慢；E. 没有进展

12. 据您的出行经验，从天津到京津冀区域内周边城市的交通出行环境是

A. 行程时间更短，出行更加便利；

B. 行程时间变化不大，出行更加便利；

C. 略有改善；

D. 没有明显改善；

E. 更加恶化

13. 据您的观察，京津冀各地交界的断头路互联互通工程和瓶颈路拓宽改造工程进展

A. 全面展开，进展较快；

B. 全面展开，但有些地方进展缓慢；

C. 全面展开，进展缓慢；

D. 局部展开，进展较快；

E. 局部展开，进展缓慢

14. 据您的生活发现，天津今年的空气质量比往年

A. 明显改善；

B. 季节性改善；

C. 没有多大变化；

D. 有所恶化；

E. 明显恶化

15. 据您了解，京津冀实施区域环境污染联防联控

A. 成效显著；

B. 成效较好；

C. 成效一般；

D. 没有成效；

E. 略有退步

16. 《规划纲要》实施以来，您所在区（县）内

河湖的水环境

A. 水质明显转好;

B. 水质有所改善;

C. 水质变化不大;

D. 水质趋于恶化;

E. 水质明显恶化

17. 据您观察,今年春季的沙尘暴发生次数

A. 比往年明显减少;

B. 比往年略有减少;

C. 与往年基本持平;

D. 比往年略有增加;

E. 比往年明显增多

18. 据您了解,京津冀协同发展规划以来,天津对河北的生态补偿的情况

A. 比往年明显增多;

B. 比往年略有增加;

C. 与往年基本持平;

D. 比往年略有减少;

E. 比往年明显减少

19. 据您的观察,《规划纲要》实施以来京津冀创新协作

A. 明显加强,亮点很多,出现一批合作平台、科研成果转化基地和创新联盟;

B. 明显加强，亮点不多；

C. 有所加强，已出现一些合作平台或科研成果转化基地；

D. 有所加强，但实质性合作不多；

E. 没有明显加强

20. 据您的切身感受，京津冀卫生医疗资源服务网络共建共享取得哪些进展

（1）北京市医疗机构与津合作建设医院

A. 数量多，水平高；B. 数量多，水平一般；

C. 数量少，水平高；D. 数量少，水平一般；

E. 几乎没有

（2）北京市医疗机构与津建立医院协作关系（对口帮扶、异地转诊、人才交流培养、诊室共建、专家异地坐诊）

A. 合作紧密，领域较多，效果较好；

B. 合作紧密，但领域较少，效果较好；

B. 合作紧密，领域较多，效果一般；

D. 合作不紧密，领域较少；

E. 没有实质性合作

（3）医保异地报销结算

A. 京津冀区域内可结算；B. 同一省（市）内可结算；C. 同一地市以内可结算；D. 不能异地结算

21. 据您的观察，京津冀教育合作成效

(1) 北京市高校与津合作建设校区或分校

A. 数量多，水平高；B. 数量多，水平一般；

C. 数量少，水平高；D. 数量少，水平一般；

E. 几乎没有

(2) 北京市优质中小学与津合作建设分校

A. 数量多，水平高；B. 数量多，水平一般；

C. 数量少，水平高；D. 数量少，水平一般；

E. 几乎没有

(3) 北京市职业院校到津设立分校、校区或实训基地

A. 数量多，水平高；B. 数量多，水平一般；

C. 数量少，水平高；D. 数量少，水平一般；

E. 几乎没有

(4) 北京市高校与津合作建立高校联盟

A. 数量多，水平高；B. 数量多，水平一般；

C. 数量少，水平高；D. 数量少，水平一般；

E. 几乎没有

22. 据您了解，《规划纲要》实施以来，天津吸引北京地区金融资本的规模

A. 比过去明显增长；

B. 比过去略有增长；

C. 与过去基本持平；

D. 比过去略有减少；

E. 比过去明显减少

23. 您认为，《规划纲要》实施以来，京津冀协同发展的体制机制创新进展

（1）基础设施互联互动机制（包括港口整合、高速公路管理一体化、交通法规和标准对接等）

A. 明显进展；B. 有所进展；C. 略有进展；D. 进展缓慢；E. 没有进展

（2）生态环境保护联动机制（环保标准和执法对接、跨地区生态环境补偿等）

A. 明显进展；B. 有所进展；C. 略有进展；D. 进展缓慢；E. 没有进展

（3）产业协同机制（园区合作共建、产业转移的税收分享等）

A. 明显进展；B. 有所进展；C. 略有进展；D. 进展缓慢；E. 没有进展

（4）科技创新协同机制（科技资源平台开放共享、科技成果合作转化等）

A. 明显进展；B. 有所进展；C. 略有进展；D. 进展缓慢；E. 没有进展

（5）公共服务一体化（养老保险跨地区转移、异地就医医保结算、跨地购买养老服务、跨地高校学分互认和学生交流培养等）

A. 明显进展；B. 有所进展；C. 略有进展；D. 进

展缓慢；E. 没有进展

24. 据您的观察，《规划纲要》实施以来，京津冀干部交流变化是：

A. 比以往明显增多；B. 比以往增多；C. 与以往持平；D. 比以往减少；E. 比以往明显减少

25. 就您的工作领域来看，京津冀协同发展战略在实施的过程中遇到最大的困难是什么？____________

____

____

问卷编号：TJB ________

调查问卷 E

本问卷调查对象为天津地区企业高管人员。

受访者个人信息

姓名：____________

工作单位/职务职称：____________

联系方式：____________

1. 据您的观察，《京津冀协同发展规划纲要》（以下简称《规划纲要》）颁布以来，京津冀协同发展取得的效果是

A. 成效显著；B. 有所成效；C. 成效一般；D. 成效尚未显现；E. 没有成效

2. 您所从事的行业是什么？____________

3. 您从自己所从事的行业看，天津承接北京产业转移的情况是

A. 全面进展，成效显著；

B. 全面进展，成效不足；

C. 局部进展较快，成效显现；

D. 有所进展，力度不够；

E. 没有进展

4. 据您的观察，在您所从事的行业领域，天津市

向河北产业转移的情况是

A. 全面进展，成效显著；

B. 全面进展，成效不足；

C. 局部进展较快，成效显现；

D. 有所进展，力度不够；

E. 没有进展

5. 据您的观察，天津市承接北京市产业或服务功能的进展（请选择您所从事行业的题目填写）

（1）一般性制造业（含电子信息、汽车、装备制造、石化、食品等）

A. 明显进展；B. 有所进展；C. 略有进展；D. 进展缓慢；E. 没有进展

（2）商贸物流（含物流基地、批发市场、电商物流等）

A. 明显进展；B. 有所进展；C. 略有进展；D. 进展缓慢；E. 没有进展

（3）金融服务（金融后台）

A. 明显进展；B. 有所进展；C. 略有进展；D. 进展缓慢；E. 没有进展

（4）健康养老

A. 明显进展；B. 有所进展；C. 略有进展；D. 进展缓慢；E. 没有进展

（5）公共服务（医院、高校、职业学校、培训机

构）

A. 明显进展；B. 有所进展；C. 略有进展；D. 进展缓慢；E. 没有进展

6. 据您的观察，天津市向河北转移产业或服务功能的进展（请选择您所从事行业的题目填写）

（1）一般性制造业（含电子信息、汽车、装备制造、石化、食品等）

A. 明显进展；B. 有所进展；C. 略有进展；D. 进展缓慢；E. 没有进展

（2）商贸物流（含物流基地、批发市场、电商物流等）

A. 明显进展；B. 有所进展；C. 略有进展；D. 进展缓慢；E. 没有进展

（3）金融服务（金融后台）

A. 明显进展；B. 有所进展；C. 略有进展；D. 进展缓慢；E. 没有进展

（4）健康养老

A. 明显进展；B. 有所进展；C. 略有进展；D. 进展缓慢；E. 没有进展

（5）公共服务（医院、高校、职业学校、培训机构）

A. 明显进展；B. 有所进展；C. 略有进展；D. 进展缓慢；E. 没有进展

7. 据您掌握的实际情况，京津冀产业转移协作基本态势是

A. 合作项目多，取得实质性进展；

B. 合作项目多，但落地困难；

C. 合作项目不多，推进困难；

D. 合作项目少

8. 从您了解的情况，京津冀产业转移协作的重点行业领域进展（请选择您所从事行业的题目填写）

（1）电子信息产业转移协作进展

A. 明显进展；B. 有所进展；C. 略有进展；D. 进展缓慢；E. 没有进展

（2）装备制造产业转移协作进展

A. 明显进展；B. 有所进展；C. 略有进展；D. 进展缓慢；E. 没有进展

（3）汽车制造产业转移协作进展

A. 明显进展；B. 有所进展；C. 略有进展；D. 进展缓慢；E. 没有进展

（4）化工（含石化）产业转移协作进展

A. 明显进展；B. 有所进展；C. 略有进展；D. 进展缓慢；E. 没有进展

（5）钢铁产业转移协作进展

A. 明显进展；B. 有所进展；C. 略有进展；D. 进展缓慢；E. 没有进展

（6）金融后台产业转移协作进展

A. 明显进展；B. 有所进展；C. 略有进展；D. 进展缓慢；E. 没有进展

（7）商贸物流产业转移协作进展

A. 明显进展；B. 有所进展；C. 略有进展；D. 进展缓慢；E. 没有进展

（8）电商物流产业转移协作进展

A. 明显进展；B. 有所进展；C. 略有进展；D. 进展缓慢；E. 没有进展

（9）文化创意产业转移协作进展

A. 明显进展；B. 有所进展；C. 略有进展；D. 进展缓慢；E. 没有进展

（10）教育培训产业转移协作进展

A. 明显进展；B. 有所进展；C. 略有进展；D. 进展缓慢；E. 没有进展

（11）健康养老产业转移协作进展

A. 明显进展；B. 有所进展；C. 略有进展；D. 进展缓慢；E. 没有进展

（12）体育休闲产业转移协作进展

A. 明显进展；B. 有所进展；C. 略有进展；D. 进展缓慢；E. 没有进展

9. 据您对本市的了解，京津冀合作共建园区建设

A. 取得实质性进展，已有一批重点合作项目建成

投产或开工；

B. 启动建设，重点项目已签约或开工建设；

C. 进展缓慢，重点项目仍处于谈判签约阶段；

D. 基本停滞，重点项目仍处于招商引资阶段；

E. 尚未建设，重点项目仍处于招商引资阶段

10. 据您的出行经验，从天津到京津冀区域内周边城市的交通出行环境是

A. 行程时间更短，出行更加便利；

B. 行程时间变化不大，出行更加便利；

C. 略有改善；

D. 没有明显改善；

E. 更加恶化

11. 据您的观察，京津冀各地交界的断头路互联互通工程和瓶颈路拓宽改造工程进展

A. 全面展开，进展较快；

B. 全面展开，但有些地方进展缓慢；

C. 全面展开，进展缓慢；

D. 局部展开，进展较快；

E. 局部展开，进展缓慢

12. 据您的生活发现，天津今年的空气质量比往年

A. 明显改善；

B. 季节性改善；

C. 没有多大变化；

D. 有所恶化；

E. 明显恶化

13. 据您了解，京津冀实施区域环境污染联防联控

A. 成效显著；

B. 成效较好；

C. 成效一般；

D. 没有成效；

E. 略有退步

14.《规划纲要》实施以来，您所在区（县）的河湖水环境

A. 水质明显转好；

B. 水质有所改善；

C. 水质变化不大；

D. 水质趋于恶化；

E. 水质明显恶化

15. 据您的观察，今年春季的沙尘暴发生次数

A. 比往年明显减少；

B. 比往年略有减少；

C. 与往年基本持平；

D. 比往年略有增加；

E. 比往年明显增多

16. 据您的观察，《规划纲要》实施以来京津冀创新协作

A. 明显加强，亮点很多，出现一批合作平台、科研成果转化基地和创新联盟；

B. 明显加强，亮点不多；

C. 有所加强，已出现一些合作平台或科研成果转化基地；

D. 有所加强，但实质性合作不多；

E. 没有明显加强

17. 据您的切实感受，京津冀卫生医疗资源服务网络共建共享取得哪些进展

（1）北京市医疗机构与津合作建设医院

A. 数量多，水平高；B. 数量多，水平一般；

C. 数量少，水平高；D. 数量少，水平一般；

E. 几乎没有

（2）北京市医疗机构与津建立医院协作关系（对口帮扶、异地转诊、人才交流培养、诊室共建、专家异地坐诊）

A. 合作紧密，领域较多，效果较好；

B. 合作紧密，但领域较少，效果较好；

B. 合作紧密，领域较多，效果一般；

D. 合作不紧密，领域较少；

E. 没有实质性合作

（3）医保异地报销结算

A. 京津冀区域内可结算；B. 同一省（市）内可

结算；C. 同一地市以内可结算；D. 不能异地结算

18. 据您的观察，京津冀教育合作成效

（1）北京市高校与津合作建设校区或分校

A. 数量多，水平高；B. 数量多，水平一般；

C. 数量少，水平高；D. 数量少，水平一般；

E. 几乎没有

（2）北京市优质中小学与津合作建设分校

A. 数量多，水平高；B. 数量多，水平一般；

C. 数量少，水平高；D. 数量少，水平一般；

E. 几乎没有

（3）北京市职业院校到津设立分校、校区或实训基地

A. 数量多，水平高；B. 数量多，水平一般；

C. 数量少，水平高；D. 数量少，水平一般；

E. 几乎没有

（4）北京市高校与津合作建立高校联盟

A. 数量多，水平高；B. 数量多，水平一般；

C. 数量少，水平高；D. 数量少，水平一般；

E. 几乎没有

19. 据您了解，《规划纲要》实施以来天津吸引北京地区金融资本的规模

A. 比过去明显增长；

B. 比过去略有增长；

C. 与过去基本持平；

D. 比过去略有减少；

E. 比过去明显减少

20. 据您的观察，《规划纲要》实施以来，京津冀企业之间的交流变化是：

A. 比以往明显增多；B. 比以往增多；C. 与以往持平；D. 比以往减少；E. 比以往明显减少

21. 据您的观察，京津冀协同发展战略的实施过程中，您所从事行业面临的最大困难是什么？________

____

____

问卷编号：TJC ________

调查问卷 F

本问卷调查对象为天津地区普通居民。

受访者个人信息

姓名：____________

年龄/性别/职业：____________

联系方式：____________

1. 据您的观察，《京津冀协同发展规划纲要》（以下简称《规划纲要》）颁布以来，京津冀协同发展取得的效果是

A. 成效显著；B. 有所成效；C. 成效一般；D. 成效尚未显现；E. 没有成效

2. 据您的出行经验，从您所在城市到京津冀区域内周边城市交通出行环境是

A. 行程时间更短、出行更加便利；

B. 行程时间变化不大，出行更加便利；

C. 略有改善；

D. 没有明显改善；

E. 更加恶化

3. 据您的观察，京津冀各地交界的断头路互联互通工程和瓶颈路拓宽改造工程进展

A. 全面展开，进展较快；

B. 全面展开，但有些地方进展缓慢；

C. 全面展开，进展缓慢；

D. 局部展开，进展较快；

E. 局部展开，进展缓慢

4. 据您的生活发现，您所在城市今年空气质量比往年

A. 明显改善；

B. 季节性改善；

C. 没有多大变化；

D. 有所恶化；

E. 明显恶化

5. 据您了解，京津冀实施区域环境污染联合治理的情况

A. 成效显著；

B. 成效较好；

C. 成效一般；

D. 没有成效；

E. 略有退步

6. 《规划纲要》实施以来，您所在区（县）的河湖水环境

A. 水质明显转好；

B. 水质有所改善；

C. 水质变化不大；

D. 水质趋于恶化；

E. 水质明显恶化

7. 据您的观察，今年春季的沙尘暴发生次数

A. 比往年明显减少；

B. 比往年略有减少；

C. 与往年基本持平；

D. 比往年略有增加；

E. 比往年明显增多

8. 根据您的切身感受，京津冀卫生医疗资源服务网络共建共享取得哪些进展？

（1）北京市医疗机构与津合作建设医院

A. 数量多，水平高；B. 数量多，水平一般；

C. 数量少，水平高；D. 数量少，水平一般；

E. 几乎没有

（2）北京市医疗机构与津建立医院协作关系（对口帮扶、异地转诊、人才交流培养、诊室共建、专家异地坐诊）

A. 合作紧密，领域较多，效果较好；

B. 合作紧密，但领域较少，效果较好；

B. 合作紧密，领域较多，效果一般；

D. 合作不紧密，领域较少；

E. 没有实质性合作

（3）医保异地报销结算

A. 京津冀区域内可结算；B. 同一省（市）内可结算；C. 同一地市以内可结算；D. 不能异地结算

9. 据您的观察，京津冀教育合作成效

（1）北京市高校与津合作建设校区或分校

A. 数量多，水平高；B. 数量多，水平一般；

C. 数量少，水平高；D. 数量少，水平一般；

E. 几乎没有

（2）北京市优质中小学与津合作建设分校

A. 数量多，水平高；B. 数量多，水平一般；

C. 数量少，水平高；D. 数量少，水平一般；

E. 几乎没有

（3）北京市职业院校到津设立分校、校区或实训基地

A. 数量多，水平高；B. 数量多，水平一般；

C. 数量少，水平高；D. 数量少，水平一般；

E. 几乎没有

（4）北京市高校与津合作建立高校联盟

A. 数量多，水平高；B. 数量多，水平一般；

C. 数量少，水平高；D. 数量少，水平一般；

E. 几乎没有

问卷编号：HBA ________

调查问卷 G

本问卷调查对象为河北地区官员和学者。

受访者个人信息

姓名：____________

工作单位/职务职称：____________

联系方式：____________

1. 据您的观察，《京津冀协同发展规划纲要》（以下简称《规划纲要》）颁布以来，京津冀协同发展取得的效果是

A. 成效显著；B. 有所成效；C. 成效一般；D. 成效尚未显现；E. 没有成效

2. 您对河北省承接京津产业转移情况的认识是

A. 全面进展，成效显著；

B. 全面进展，成效不足；

C. 局部进展较快，成效显现；

D. 有所进展，力度不够；

E. 没有进展

3. 您认为，河北和天津之间在招商引资方面是否存在无序竞争？

A. 存在；B. 不存在；C. 不知道

4. 据您的观察，河北省承接北京市产业或服务功能的进展

（1）一般性制造业（含电子信息、汽车、装备制造、石化、食品等）

A. 明显进展；B. 有所进展；C. 略有进展；D. 进展缓慢；E. 没有进展

（2）商贸物流（含物流基地、批发市场、电商物流等）

A. 明显进展；B. 有所进展；C. 略有进展；D. 进展缓慢；E. 没有进展

（3）金融服务（金融后台）

A. 明显进展；B. 有所进展；C. 略有进展；D. 进展缓慢；E. 没有进展

（4）健康养老

A. 明显进展；B. 有所进展；C. 略有进展；D. 进展缓慢；E. 没有进展

（5）公共服务（医院、高校、职业学校、培训机构）

A. 明显进展；B. 有所进展；C. 略有进展；D. 进展缓慢；E. 没有进展

5. 据您掌握的实际情况，京津冀产业转移协作基本态势是

A. 合作项目多，取得实质性进展；

B. 合作项目多，但落地困难；

C. 合作项目不多，推进困难；

D. 合作项目少

6. 从您了解的情况，京津冀产业转移协作的重点行业领域进展

（1）电子信息产业转移协作进展

A. 明显进展；B. 有所进展；C. 略有进展；D. 进展缓慢；E. 没有进展

（2）装备制造产业转移协作进展

A. 明显进展；B. 有所进展；C. 略有进展；D. 进展缓慢；E. 没有进展

（3）汽车制造产业转移协作进展

A. 明显进展；B. 有所进展；C. 略有进展；D. 进展缓慢；E. 没有进展

（4）化工（含石化）产业转移协作进展

A. 明显进展；B. 有所进展；C. 略有进展；D. 进展缓慢；E. 没有进展

（5）钢铁产业转移协作进展

A. 明显进展；B. 有所进展；C. 略有进展；D. 进展缓慢；E. 没有进展

（6）金融后台产业转移协作进展

A. 明显进展；B. 有所进展；C. 略有进展；D. 进展缓慢；E. 没有进展

（7）商贸物流产业转移协作进展

A. 明显进展；B. 有所进展；C. 略有进展；D. 进展缓慢；E. 没有进展

（8）电商物流产业转移协作进展

A. 明显进展；B. 有所进展；C. 略有进展；D. 进展缓慢；E. 没有进展

（9）文化创意产业转移协作进展

A. 明显进展；B. 有所进展；C. 略有进展；D. 进展缓慢；E. 没有进展

（10）教育培训产业转移协作进展

A. 明显进展；B. 有所进展；C. 略有进展；D. 进展缓慢；E. 没有进展

（11）健康养老产业转移协作进展

A. 明显进展；B. 有所进展；C. 略有进展；D. 进展缓慢；E. 没有进展

（12）体育休闲产业转移协作进展

A. 明显进展；B. 有所进展；C. 略有进展；D. 进展缓慢；E. 没有进展

7. 据您对本省的了解，在京津冀合作共建园区建设

A. 取得实质性进展，已有一批重点合作项目建成投产或开工；

B. 启动建设，重点项目已签约或开工建设；

C. 进展缓慢，重点项目仍处于谈判签约阶段；

D. 基本停滞，重点项目仍处于招商引资阶段；

E. 尚未建设，重点项目仍处于招商引资阶段

8. 据您的观察，在央企服务京津冀协同发展战略方面

（1）央企到河北投资布局一批重点产业项目

A. 数量多，投资规模大；

B. 数量多，投资规模小；

C. 数量少，投资规模大；

D. 数量少，投资规模小；

E. 几乎没有

（2）在冀央企扩大当地产业项目投资

A. 数量多，投资规模大；

B. 数量多，投资规模小；

C. 数量少，投资规模大；

D. 数量少，投资规模小；

E. 几乎没有

（3）央企到河北设立功能型总部

A. 央企一级企业数量较多；

B. 央企二级企业数量较多；

C. 央企三级企业数量较多；

D. 央企四级企业数量较多；

E. 几乎没有

9. 据您的观察，京津冀交通一体化网络开工进展情况

（1）轨道交通（地铁、城际铁路、高铁、普速铁路）建设进展

A. 明显进展；B. 有所进展；C. 略有进展；D. 进展缓慢；E. 没有进展

（2）高速公路网络建设进展

A. 明显进展；B. 有所进展；C. 略有进展；D. 进展缓慢；E. 没有进展

（3）港口群协调联动进展

A. 明显进展；B. 有所进展；C. 略有进展；D. 进展缓慢；E. 没有进展

（4）航空枢纽分工协作进展

A. 明显进展；B. 有所进展；C. 略有进展；D. 进展缓慢；E. 没有进展

10. 据您的出行经验，从您所在城市到京津冀区域内周边城市交通出行环境是

A. 行程时间更短，出行更加便利；

B. 行程时间变化不大，出行更加便利；

C. 略有改善；

D. 没有明显改善；

E. 更加恶化

11. 据您的观察，京津冀各地交界的断头路互联

互通工程和瓶颈路拓宽改造工程进展

A. 全面展开，进展较快；

B. 全面展开，但有些地方进展缓慢；

C. 全面展开，进展缓慢；

D. 局部展开，进展较快；

E. 局部展开，进展缓慢

12. 据您的生活发现，您所在城市今年空气质量比往年

A. 明显改善；

B. 季节性改善；

C. 没有多大变化；

D. 有所恶化；

E. 明显恶化

13. 据您了解，京津冀实施区域环境污染联防联控

A. 成效显著；

B. 成效较好；

C. 成效一般；

D. 没有成效；

E. 略有退步

14. 《规划纲要》实施以来，您所在城市的河湖水环境

A. 水质明显转好；

B. 水质有所改善；

C. 水质变化不大;

D. 水质趋于恶化;

E. 水质明显恶化

15. 据您的观察,今年春季的沙尘暴发生次数

A. 比往年明显减少;

B. 比往年略有减少;

C. 与往年基本持平;

D. 比往年略有增加;

E. 比往年明显增多

16. 据您了解,《规划纲要》实施以来,京、津对河北的生态补偿的状况

A. 比往年明显增多;

B. 比往年略有增加;

C. 与往年基本持平;

D. 比往年略有减少;

E. 比往年明显减少

17. 据您的观察,《规划纲要》实施以来京津冀创新协作

A. 明显加强,亮点很多,出现一批合作平台、科研成果转化基地和创新联盟;

B. 明显加强,亮点不多;

C. 有所加强,已出现一些合作平台或科研成果转化基地;

D. 有所加强，但实质性合作不多；

E. 没有明显加强

18. 据您的切实感受，京津冀卫生医疗资源服务网络共建共享取得哪些进展？

（1）北京市医疗机构与河北合作建设医院

A. 数量多，水平高；B. 数量多，水平一般；

C. 数量少，水平高；D. 数量少，水平一般；

E. 几乎没有

（2）北京市医疗机构与河北建立医院协作关系（对口帮扶、异地转诊、人才交流培养、诊室共建、专家异地坐诊）

A. 合作紧密，领域较多，效果较好；

B. 合作紧密，但领域较少，效果较好；

B. 合作紧密，领域较多，效果一般；

D. 合作不紧密，领域较少；

E. 没有实质性合作

（3）医保异地报销结算

A. 京津冀区域内可结算；B. 同一省（市）内可结算；C. 同一地市以内可结算；D. 不能异地结算

19. 据您的观察，京津冀教育合作成效

（1）北京市高校与河北合作建设校区或分校

A. 数量多，水平高；B. 数量多，水平一般；

C. 数量少，水平高；D. 数量少，水平一般；

E. 几乎没有

（2）北京市优质中小学与河北合作建设分校

A. 数量多，水平高；B. 数量多，水平一般；

C. 数量少，水平高；D. 数量少，水平一般；

E. 几乎没有

（3）北京市职业院校到河北设立分校、校区或实训基地

A. 数量多，水平高；B. 数量多，水平一般；

C. 数量少，水平高；D. 数量少，水平一般；

E. 几乎没有

（4）北京市高校与河北合作建立高校联盟

A. 数量多，水平高；B. 数量多，水平一般；

C. 数量少，水平高；D. 数量少，水平一般；

E. 几乎没有

20. 据您了解，《规划纲要》实施以来，河北吸引北京地区金融资本的规模

A. 比过去明显增长；

B. 比过去略有增长；

C. 与过去基本持平；

D. 比过去略有减少；

E. 比过去明显减少

21. 据您了解，《规划纲要》实施以来，京津冀协同发展的体制机制创新进展

（1）基础设施互联互动机制（包括港口整合、高速公路管理一体化、交通法规和标准对接等）

A. 明显进展；B. 有所进展；C. 略有进展；D. 进展缓慢；E. 没有进展

（2）生态环境保护联动机制（环保标准和执法对接、跨地区生态环境补偿等）

A. 明显进展；B. 有所进展；C. 略有进展；D. 进展缓慢；E. 没有进展

（3）产业协同机制（园区合作共建、产业转移的税收分享等）

A. 明显进展；B. 有所进展；C. 略有进展；D. 进展缓慢；E. 没有进展

（4）科技创新协同机制（科技资源平台开放共享、科技成果合作转化等）

A. 明显进展；B. 有所进展；C. 略有进展；D. 进展缓慢；E. 没有进展

（5）公共服务一体化（养老保险跨地区转移、异地就医医保结算、跨地购买养老服务、跨地高校学分互认和学生交流培养等）

A. 明显进展；B. 有所进展；C. 略有进展；D. 进展缓慢；E. 没有进展

22. 据您的观察，《规划纲要》实施以来，京津冀干部交流变化是：

A. 比以往明显增多；B. 比以往增多；C. 与以往持平；D. 比以往减少；E. 比以往明显减少

23. 就您的工作领域来看，京津冀协同发展战略在实施过程中遇到最大的困难是什么？____

问卷编号：HBB ________

调查问卷 H

本问卷调查对象为河北地区企业高管人员。

受访者个人信息

姓名：____________

工作单位/职务职称：____________

联系方式：____________

1. 据您的观察，《京津冀协同发展规划纲要》（以下简称《规划纲要》）颁布以来，京津冀协同发展取得的效果是

A. 成效显著；B. 有所成效；C. 成效一般；D. 成效尚未显现；E. 没有成效

2. 您所从事的行业是什么？____________

3. 您从自己所从事的行业看，河北承接京津产业转移情况取得的成效如何？

A. 全面进展，成效显著；

B. 全面进展，成效不足；

C. 局部进展较快，成效显现；

D. 有所进展，力度不够；

E. 没有进展

4. 据您的观察，河北承接北京市产业或服务功能

的进展怎么样?（请选择您所从事行业的题目填写）

（1）一般性制造业（含电子信息、汽车、装备制造、石化、食品等）

A. 明显进展；B. 有所进展；C. 略有进展；D. 进展缓慢；E. 没有进展

（2）商贸物流（含物流基地、批发市场、电商物流等）

A. 明显进展；B. 有所进展；C. 略有进展；D. 进展缓慢；E. 没有进展

（3）金融服务（金融后台）

A. 明显进展；B. 有所进展；C. 略有进展；D. 进展缓慢；E. 没有进展

（4）健康养老

A. 明显进展；B. 有所进展；C. 略有进展；D. 进展缓慢；E. 没有进展

（5）公共服务（医院、高校、职业学校、培训机构）

A. 明显进展；B. 有所进展；C. 略有进展；D. 进展缓慢；E. 没有进展

5. 据您掌握的实际情况，京津冀产业转移协作基本态势是

A. 合作项目多，取得实质性进展；

B. 合作项目多，但落地困难；

C. 合作项目不多，推进困难；

D. 合作项目少

6. 从您了解的情况，京津冀产业转移协作的重点行业领域进展（请选择您所从事行业的题目填写）

（1）电子信息产业转移协作进展

A. 明显进展；B. 有所进展；C. 略有进展；D. 进展缓慢；E. 没有进展

（2）装备制造产业转移协作进展

A. 明显进展；B. 有所进展；C. 略有进展；D. 进展缓慢；E. 没有进展

（3）汽车制造产业转移协作进展

A. 明显进展；B. 有所进展；C. 略有进展；D. 进展缓慢；E. 没有进展

（4）化工（含石化）产业转移协作进展

A. 明显进展；B. 有所进展；C. 略有进展；D. 进展缓慢；E. 没有进展

（5）钢铁产业转移协作进展

A. 明显进展；B. 有所进展；C. 略有进展；D. 进展缓慢；E. 没有进展

（6）金融后台产业转移协作进展

A. 明显进展；B. 有所进展；C. 略有进展；D. 进展缓慢；E. 没有进展

（7）商贸物流产业转移协作进展

A. 明显进展；B. 有所进展；C. 略有进展；D. 进展缓慢；E. 没有进展

（8）电商物流产业转移协作进展

A. 明显进展；B. 有所进展；C. 略有进展；D. 进展缓慢；E. 没有进展

（9）文化创意产业转移协作进展

A. 明显进展；B. 有所进展；C. 略有进展；D. 进展缓慢；E. 没有进展

（10）教育培训产业转移协作进展

A. 明显进展；B. 有所进展；C. 略有进展；D. 进展缓慢；E. 没有进展

（11）健康养老产业转移协作进展

A. 明显进展；B. 有所进展；C. 略有进展；D. 进展缓慢；E. 没有进展

（12）体育休闲产业转移协作进展

A. 明显进展；B. 有所进展；C. 略有进展；D. 进展缓慢；E. 没有进展

7. 据您对本省的了解，京津冀合作共建园区建设

A. 取得实质性进展，已有一批重点合作项目建成投产或开工；

B. 启动建设，重点项目已签约或开工建设；

C. 进展缓慢，重点项目仍处于谈判签约阶段；

D. 基本停滞，重点项目仍处于招商引资阶段；

E. 尚未建设，重点项目仍处于招商引资阶段

8. 据您的出行经验，从您所在城市到京津冀区域内周边城市交通出行环境是

A. 行程时间更短，出行更加便利；

B. 行程时间变化不大，出行更加便利；

C. 略有改善；

D. 没有明显改善；

E. 更加恶化

9. 据您的观察，京津冀各地交界的断头路互联互通工程和瓶颈路拓宽改造工程进展如何？

A. 全面展开，进展较快；

B. 全面展开，但有些地方进展缓慢；

C. 全面展开，进展缓慢；

D. 局部展开，进展较快；

E. 局部展开，进展缓慢

10. 据您的生活发现，您所在城市今年空气质量比往年

A. 明显改善；

B. 季节性改善；

C. 没有多大变化；

D. 有所恶化；

E. 明显恶化

11. 据您的观察，京津冀实施区域环境污染联防

联控

A. 成效显著；

B. 成效较好；

C. 成效一般；

D. 没有成效；

E. 略有退步

12.《规划纲要》实施以来，您所在城市的河湖水环境

A. 水质明显转好；

B. 水质有所改善；

C. 水质变化不大；

D. 水质趋于恶化；

E. 水质明显恶化

13. 据您的观察，今年春季的沙尘暴发生次数

A. 比往年明显减少；

B. 比往年略有减少；

C. 与往年基本持平；

D. 比往年略有增加；

E. 比往年明显增多

14. 据您的观察，《规划纲要》实施以来京津冀创新协作

A. 明显加强，亮点很多，出现一批合作平台、科研成果转化基地和创新联盟；

B. 明显加强，亮点不多；

C. 有所加强，已出现一些合作平台或科研成果转化基地；

D. 有所加强，但实质性合作不多；

E. 没有明显加强

15. 据您的切实感受，京津冀卫生医疗资源服务网络共建共享取得哪些进展？

（1）北京市医疗机构与河北合作建设医院

A. 数量多，水平高；B. 数量多，水平一般；

C. 数量少，水平高；D. 数量少，水平一般；

E. 几乎没有

（2）北京市医疗机构与河北建立医院协作关系（对口帮扶、异地转诊、人才交流培养、诊室共建、专家异地坐诊）

A. 合作紧密，领域较多，效果较好；

B. 合作紧密，但领域较少，效果较好；

B. 合作紧密，领域较多，效果一般；

D. 合作不紧密，领域较少；

E. 没有实质性合作

（3）医保异地报销结算

A. 京津冀区域内可结算；B. 同一省（市）内可结算；C. 同一地市以内可结算；D. 不能异地结算

16. 据您的观察，京津冀教育合作成效

（1）北京市高校与河北合作建设校区或分校

A. 数量多，水平高；B. 数量多，水平一般；

C. 数量少，水平高；D. 数量少，水平一般；

E. 几乎没有

（2）北京市优质中小学与河北合作建设分校

A. 数量多，水平高；B. 数量多，水平一般；

C. 数量少，水平高；D. 数量少，水平一般；

E. 几乎没有

（3）北京市职业院校到河北设立分校、校区或实训基地

A. 数量多，水平高；B. 数量多，水平一般；

C. 数量少，水平高；D. 数量少，水平一般；

E. 几乎没有

（4）北京市高校与河北合作建立高校联盟

A. 数量多，水平高；B. 数量多，水平一般；

C. 数量少，水平高；D. 数量少，水平一般；

E. 几乎没有

17. 据您了解，《规划纲要》实施以来河北吸引北京地区金融资本的规模

A. 比过去明显增长；

B. 比过去略有增长；

C. 与过去基本持平；

D. 比过去略有减少；

E. 比过去明显减少

18. 据您的观察，《规划纲要》实施以来，京津冀企业之间的交流变化是：

A. 比以往明显增多；B. 比以往增多；C. 与以往持平；D. 比以往减少；E. 比以往明显减少

19. 据您的观察，京津冀协同发展战略的实施过程中，您所从事的行业面临的最大困难是什么？______

____

____

问卷编号：HBC ________

调查问卷 I

本问卷调查对象为河北地区普通居民。

受访者个人信息

姓名：____________

年龄/性别/职业：____________

联系方式：____________

1. 据您的观察，《京津冀协同发展规划纲要》（以下简称《规划纲要》）颁布以来，京津冀协同发展取得的效果是

A. 成效显著；B. 有所成效；C. 成效一般；D. 成效尚未显现；E. 没有成效

2. 据您的出行经验，从您所在城市到京津冀区域内周边城市交通出行环境是

A. 行程时间更短，出行更加便利；

B. 行程时间变化不大，出行更加便利；

C. 略有改善；

D. 没有明显改善；

E. 更加恶化

3. 据您的观察，京津冀各地交界的断头路互联互通工程和瓶颈路拓宽改造工程进展

A. 全面展开，进展较快；

B. 全面展开，但有些地方进展缓慢；

C. 全面展开，进展缓慢；

D. 局部展开，进展较快；

E. 局部展开，进展缓慢

4. 据您的生活发现，您所在城市今年的空气质量比往年

A. 明显改善；

B. 季节性改善；

C. 没有多大变化；

D. 有所恶化；

E. 明显恶化

5. 据您了解，京津冀实施区域环境污染联合治理的情况

A. 成效显著；

B. 成效较好；

C. 成效一般；

D. 没有成效；

E. 略有退步

6. 《规划纲要》实施以来，您所在城市的河湖水环境

A. 水质明显转好；

B. 水质有所改善；

C. 水质变化不大；

D. 水质趋于恶化；

E. 水质明显恶化

7. 据您的观察，今年春季的沙尘暴发生次数

A. 比往年明显减少；

B. 比往年略有减少；

C. 与往年基本持平；

D. 比往年略有增加；

E. 比往年明显增多

8. 根据您的切身感受，京津冀卫生医疗资源服务网络共建共享取得哪些进展

（1）北京市医疗机构与河北合作建设医院

A. 数量多，水平高；B. 数量多，水平一般；

C. 数量少，水平高；D. 数量少，水平一般；

E. 几乎没有

（2）北京市医疗机构与河北建立医院协作关系（对口帮扶、异地转诊、人才交流培养、诊室共建、专家异地坐诊）

A. 合作紧密，领域较多，效果较好；

B. 合作紧密，但领域较少，效果较好；

B. 合作紧密，领域较多，效果一般；

D. 合作不紧密，领域较少；

E. 没有实质性合作

（3）医保异地报销结算

A. 京津冀区域内可结算；

B. 同一省（市）内可结算；

C. 同一地市以内可结算；

D. 不能异地结算

9. 据您的观察，京津冀教育合作成效

（1）北京市高校与河北合作建设校区或分校

A. 数量多，水平高；B. 数量多，水平一般；

C. 数量少，水平高；D. 数量少，水平一般；

E. 几乎没有

（2）北京市优质中小学与河北合作建设分校

A. 数量多，水平高；B. 数量多，水平一般；

C. 数量少，水平高；D. 数量少，水平一般；

E. 几乎没有

（3）北京市职业院校到河北设立分校、校区或实训基地

A. 数量多，水平高；B. 数量多，水平一般；

C. 数量少，水平高；D. 数量少，水平一般；

E. 几乎没有

（4）北京市高校与河北合作建立高校联盟

A. 数量多，水平高；B. 数量多，水平一般；

C. 数量少，水平高；D. 数量少，水平一般；

E. 几乎没有

中国社会科学院京津冀协同发展智库简介

中国社会科学院京津冀协同发展智库成立于2016年1月6日，由中国社会科学院工业经济研究所牵头，北京市社会科学院、首都经贸大学、天津社会科学院、天津财经大学、河北省社会科学院、河北经贸大学、河北省保定市人民政府为首批理事单位。中国社会科学院京津冀协同发展智库旨在联合京津冀三地的社会科学人才资源，促进三地智库资源联动，以党中央国务院《关于加强中国特色新型智库建设的意见》为指导，充分发挥理论创新、咨政建言、舆论引导、社会服务等重要功能，形成京津冀社会科学创新共同体，更好地服务国家京津冀协同发展战略需要，推动京津冀协同发展。

中国社会科学院京津冀协调发展智库的主要任务包括：(1) 跟踪研究《京津冀协同发展纲要》政策落

实情况。（2）与国内外智库开展学术交流，主办年度京津冀协调发展智库论坛，组织有关学术研讨会。（3）及时对京津冀协同发展中的问题、实践和做法进行研究总结，提供可复制、可推广的经验。（4）参与地方经济社会发展战略咨询，为其经济社会发展提供智力支持。（5）组织好智库成果上报和发布，不定期编辑出版《智库专报》内部刊物，出版《京津冀协同发展指数报告》。（6）推动形成京津冀科技创新资源、人才资源、智库资源的整合，推动形成京津冀社会科学协同创新共同体。

2016年1月6日在河北省保定市召开的第五届中国工业发展论坛上

中国社会科学院京津冀协同发展智库举行成立揭牌仪式